31歳でFIREを実現！

たった1年で1億円稼げる

不動産×宅建投資術

不動産投資メディア
「健美家」大人気コラムニスト
大家のプーさん

宝島社

はじめに

はじめまして、大家のプーといいます。

僕は会社員、会社役員などを経て、31歳の時にすべてのビジネスを手放しました。

35歳になった今は、ほとんどの時間を家族と過ごしつつ、月に数日だけ働いています。

ほぼプー太郎の生活ですが、年間の利益は1億円以上あり、資産は増え続けています。


皆さんもお気付きかと思いますが、今の日本では、会社に勤めているだけでお金持ちになるのは困難です。

では、どうすればリスクを抑えつつ、短期間でお金と時間を得てFIREできるのか？

その答えが、次の方程式です。

不動産賃貸業で長期的に安定的な収入を得る
×
宅建業者として物件の売買を繰り返し、短期で稼ぐ

リスクを抑えつつ、短期間でお金と時間を得る仕組みを築くのに、この組み合わせは極めて有効。なぜなら、不動産投資は物件の買い方を間違えなければ購入後に安定的な家賃収入を得ることができ、さらに「宅建」を取れば物件を繰り返し売却できるようになるからです。

宅建業者と聞くと「難しい試験に合格しなければいけないのでは？」とひるむ方がいらっしゃるかもしれませんが、僕の体感でいえば、不動産投資業界では真剣に勉強をした人のほとんどが合格しています。

僕自身はというと、20代半ばで宅建士の資格を取り、宅建業者として不動産投資を続けてきました。そんな僕からすれば、「宅建業者にならずに不動産投資をする」という世界線が逆にありえません。

面白いことに、不動産投資の成否は、その人が持つ才能というよりも、最初に作った「仕組み」に影響を受けます。

ここだけの話ですが、僕が出会ってきた限り、不動産投資家や地主さんの2代目と呼ばれる方の中には、特別に優秀とは思えない人も多かったです。

何を言いたいかというと、先代が築いた仕組みを壊さず（散財して壊してしまう人が多い）、それを踏襲していけば、普通の人でも大家業だけで生きていけるということです。

これは、他の投資や事業ではありえない話です。

不動産投資は、誰にでも成功できるチャンスがある。

これこそが醍醐味であり、だからこそ、この本を書く意味があると感じます。

人生で最も価値があるのは、時間です。

一生で3億円稼ぐ人が、数年でそれを稼ぐことができれば、後の人生は膨大な自由時間を得られます。だから僕は、若くして稼ぐことを目指しました。

僕の生活を見て「プーさんのようになるには、どうしたらいいの？」と尋ねてくる仲間に自分のやり方を教えたところ、次々に彼らがサラリーマンを卒業して大きな資産を築いたことに、正直驚きました。同時に確信のようなものや、手ごたえも感じました。

はじめにお伝えすると、タイトルはやや煽り系ですが、派手な手法は出てきません。

その代わり、地味で泥くさいけれど、リスクが少なく、その気になれば誰にでも実践できる手法を紹介したつもりです。

絶対に失敗してほしくありません。特に家族のある方には。

運任せではなく、実力と仕組みでお金持ちになって、長く続く自由な人生を得てください。その方法を、僕がこの本でお伝えします。

大家のプーさん

目次

第2章 投資用ローンに頼らない不動産投資の始め方

第3章 宅建を取れば、富を築くスピードが加速する

第4章 転落ルート回避！ やってはいけないご法度投資10連発

第１章

僕が31歳でFIREを実現した宅建×不動産投資術

会社員、会社役員などを経て31歳でFIREした僕。
現在はほぼプー太郎の生活ですが、
年間の利益は1億円以上あり、資産は増え続けています。
そのロジックについて、全体像を解説します。

結局、資産形成は「不動産投資」が最強

収入に対する労働時間が極端に少ない不動産投資

「働かざる者食うべからず」ということわざがありますが、令和の日本には労働以外でお金を増やす方法がいくつもあります。その代表が「投資」です。

もちろん、詐欺のような投資話も多くありますし、素人が気軽に始めれば、ほぼ間違いなく損をする投資もありますので、慎重に検討する必要があります。

しかし、中には勉強して知識をつけ、順序立てて行動することで、低いリスクで着実にお金を増やしていける方法も存在します。

それが、本書で紹介する「不動産投資」です。

不動産投資は、株やＦＸ、暗号資産（仮想通貨）、投資信託といったいわゆる「紙の投資」と違い、建物と土地という現物が存在するため、一晩で大暴落したり、価値がゼロになったりという心配がありません。

そしてなんといっても、買い方を間違えなければ、**購入後に安定的な家賃収入（ストック収入）を得られる**という大きな魅力があります。

自分が家賃を払ったことがある方なら、イメージできるでしょう。

あなたが毎月支払った家賃を大家さんは受け取りますが、その間、大家さんは会社に行ってそのための仕事をしているわけではありません。

もちろん、税金を納めたり、リフォームの手配をしたり、入居者さんからトラブルの連絡があった時は管理会社さんと連携して解決したり、何もしないわけではありませんが、**得られる金額に対する労働時間はサラリーマンに比較すると極端に少ない**といえます。

ここまで読んで、「でも、不動産投資って危ないよね」と感じた方もいるかもしれません。そういう方は、バブル崩壊で不動産屋さんや投資家が破綻した時のイメージがあるのかもしれません。確かに投資ですから、リスクはあります。スピードを求めるなら、借金をすることも必要です。それに、残念ですが「悪徳業者」といわれるような人たちも存在する世界です。

しかし、そのようなイメージで、「不動産投資なんて絶対にやらないほうがいい」と決めつけて、思考停止してしまうのはもったいない。

なぜなら、バブル当時は買った値段より高く売って利益を得るというキャピタルゲイン中心の不動産投資だったのに対し、現在は家賃収入（インカムゲイン）で利益を得るやり方が主流であり、相場の変動で一気に赤字になる可能性は非常に低いからです。

また、**不動産投資の内容自体、不動産を買い、それを貸したり売ったりして利益を得るという非常にシンプルなもの**です。

その証拠に、不動産投資家と同じように不動産を所有し、それを貸したり、売ったりして利益を出している大家さんの中には、パソコンもスマホも持たないような高齢者の方も多くいます（不動産投資家と大家さんは呼び方が違うだけで、やることはほぼ同じです）。

それに加えて、**不動産投資では物件を購入する時に金融機関からお金を借りることが可能ですし、物件を買った後の家賃の回収や入居付けといった一通りの業務を外注する**こともできます。

そのため、近年は会社員や自営業ビジネスのかたわらアパートや貸家を購入し、給料を超えるキャッシュフロー（家賃収入から銀行返済や税金などを引いて残ったお金）を得て、FIRE（経済的に自立し、早期退職を目指すライフスタイル）する人たちが多く誕生しているのです。

POINT

**少ない労働時間で安定収入を得られるのが不動産投資の大きな魅力
バブル期と違い、現在はインカムゲイン中心で破綻のリスクは低い**

サラリーマン

拘束時間が長い

通常は稼げる金額に上限がある

今の日本では、会社員のまま
お金持ちになるのは困難！

不動産オーナー

拘束時間が短く時間給が高い

稼げる金額に上限がない

会社員をしながら
不動産投資を始める人が増えている！

不動産投資×宅建業が成功への早道

宅建業者になると物件を繰り返し売却できる

この不動産投資に、宅建業を組み合わせることで、さらに富のスピードを加速させようというのが本書の主題です。

なぜ宅建業を組み合わせるのか？　最も大きな理由は、そうすることで物件を繰り返し売却できるようになるからです（逆にいうと、宅建業者以外が繰り返し不動産の売却を行うことは宅建業法で禁止されています）。

不動産投資は安定的な家賃収入という魅力がありますが、その半面、資金の回収までに数年の時間を要するというデメリットがあります。

一方、不動産の売却は、早ければ1週間以内に資金の回収ができます。

つまり、宅建業者になって不動産の売却をルーティンに組み込むことで、資本回転率が格段に上がるのです。

不動産の儲け方は、貸すか、売るかの2つしかありません。

20代半ばで宅地建物取引士（宅建士）の資格を取り、宅建業者として不動産投資を続けてきた僕からすれば、**「宅建業者にならずに不動産投資をする」という世界線はありえません。**

むしろ、サラリーマン投資家の方たちが、宅建業の資格のない状態で不動産投資をしていることのほうが、無理やりというか不自然に感じます。

宅建業者になるには宅建士の資格を取る必要がありますが、その知識は不動産投資をする上で大きな武器になります。

また、宅建業者には、物件を買ってそこに利益を乗せて売却するという業務以外に、不動産を売りたい人と買いたい人の間に入って仲介するという仕事もあります。

この仕事の特徴は、**扱う商品（不動産）の金額が大きく、一度の仕事で大きな利益が得られる**ことです。

先ほど不動産投資について、得られる金額に対する労働時間はサラリーマンに比較すると極端に少ないと書きましたが、宅建業者の仕事はさらにこの傾向が強くなります。

例えば、**1000万円程度のアパートの仲介手数料でも会社員としての月給クラスの収入になりますし、1億円を超える物件の仲介手数料なら、年収レベル**です。

宅建業者の時間給が他の仕事に比べていかに大きいかがよく分かります。

向き不向きもありますし、成功されている方は努力もされているでしょうから、「ラクに稼げる」というつもりはありません。

しかし、**すでに社会人になっている方がこれから選べる選択肢の中で、短期間で大きく稼げるもの、しかもそれほどハードルが高くないものを考えた時、宅建業者の右に出るものはないように思います。**

物件価格	手数料の上限	内消費税額
10,000,000円	396,000円	36,000円
20,000,000円	726,000円	66,000円
30,000,000円	1,056,000円	96,000円
40,000,000円	1,386,000円	126,000円
50,000,000円	1,716,000円	156,000円
60,000,000円	2,046,000円	186,000円
70,000,000円	2,376,000円	216,000円
80,000,000円	2,706,000円	246,000円
90,000,000円	3,036,000円	276,000円
100,000,000円	3,366,000円	306,000円

※消費税10%

宅建業者になるハードルは決して高くない

宅建業者になるのは、実はそれほど難しくありません。

①専任の宅建主任士を1人準備する
②開業資金となる200万円弱を準備する
③開業する場所を用意する

最もハードルが高いのが①ですが、これは自分、もしくは働いていない家族に宅建士の資格を取得してもらえばクリアできます（自分か家族が宅建士でなければ、最低でも月に15万〜20万円の基本給で正社員を雇用しなければなりません）。

宅建士の試験は年に一度行われ、毎年、約4万人が合格しています。その中には働きながら資格を取った人、子育てしながら資格を取った人も多くいます。

宅建業者になるために必要なこと

① 専任の宅建主任士を1人準備する
② 開業資金となる200万円弱を準備する
③ 開業する場所を用意する（ワンルームでも開業可）

投資では「いかに強者になれるか」が重要
知識、経験、物件情報、売買チャンスが増える
「宅建士」の資格は、不動産投資に必須！

宅建士に受かるために必要な勉強時間は、独学で600時間以上、スクールに通う場合で400時間が目安とされます。

合格率は15～18％で、数字だけ見ると高くないように見えますが、それはこの中に会社にいわれて渋々受験した不動産会社の社員さんが多く含まれていることが理由です。

不動産投資業界を見渡すと、真剣に宅建士の資格を目指した人たちのほとんどが合格しています（1度目は落ちてしまう人もいますが、2度目ではたいてい合格しているようです）。

この資格試験に受かったら宅建士として登録し、宅建免許を取得することで、宅建業者になることができます。

最年少の宅建合格者は小学4年生

宅建士は、国家資格です。他の国家資格の中には、そもそも試験を受けるために大学の特定学部を出ている必要があったり、試験に受かった後も年単位で研修期間が必要だったりして、時間的にもお金的にも、気軽に取得できないようなものも多くあります。

一方、宅建士は最年少の合格者が10歳の小学4年生（2024年現在）であることからも分かるように、足切りに当たるものがなく、コツコツやれば誰でも合格を目指せます。また、一度取得すれば、5年に一度の講習を受けるだけで、ずっとその資格を保有することができます。仕事を休むなどの理由で5年に1度の講習を受けず、有効期限が切れてしまった場合にも再交付が可能です。

法律や条例はちょくちょく変わるので勉強や情報のアップデートが必要ですが、一度資格を取得すれば、その後も宅建士で居続けることはまったく難しくありません。

僕の場合は修行のために不動産会社に入社後、すぐに宅建の勉強を始め、4カ月の勉強期間を経て合格しました。やり方としては通勤時間や寝る前の時間を利用し、テキストを1冊購入して、あとはひたすら過去問と予想問題をやりました。

最初に過去問を解いた時は50点中30点に届きませんでしたが、過去問の間違えたところをテキストで復習し、その後の通勤時間はすべて間違えた問題を持ち歩き、反復勉強をしました。

次に予想問題を書店で購入し、過去問の代わりに仕事が休みの日に解きました。

ここでも間違えた問題は切り取って持ち歩き、通勤時間にやはり反復勉強をしました。

試験1カ月前に、過去問10年分と予想問題をもう1周して、本番では確か43点か44点で合格しました。


補足すると、不動産会社で働いていると「5問免除」を使うことができるため、少しだけ気が楽でした。

この5問免除は不動産会社で働いている人のためのもので、1万数千円の費用と1〜2日間の講義と簡単な試験を受けることで認められ、しかも免除部分は対策が難しいとされる「時事問題」という謎の優遇制度となっています。

そのため、不動産屋さんで修業をしながら、その期間内に宅建試験に臨むのはとても効率的だと思います。

また、不動産業には開業時や開業後にかかる費用が少ないというメリットもあります。

不動産業を開業するにあたっては、法務局に営業保証金として1000万円を供託して開業する方法の他に、保証協会に弁済業務保証金分担金の60万円を供託するという方法があります。金額の差が大きいので、後者を選んでいる人が多いと思います。

保証協会には、公益社団法人全国宅地建物取引業保証協会と公益社団法人不動産保証協会の2つの団体があり、どちらかに加入して弁済業務保証金分担金の60万円を供託することになります。

この時、保証協会に直接供託金を納めるのではなく、保証協会の種類に応じて関連団体であるウサギマークの全日本不動産協会、もしくはハトマークの宅地建物取引業協会へ加入し、分担金の60万円、そしてその協会への入会金を納めることが求められます。

そうやってトータルで200万円弱（県によって異なる）のお金を納めたら、いよいよ開業です。

200万円は本気を試される金額ではありますが、宅建業者になれば回収は難しくありません。

この200万円弱の資金を用意できれば、事務所は自宅でも構いませんし（一定の要件を満たす必要はあります）、後はパソコンと電話と名刺があれば、すぐに仕事を始めることができます。何か特別な設備を買う必要もないですし、商品の在庫を仕入れる必要もなく、受付のスタッフを雇う必要もありません。


言い換えれば、免許と自分の体、あとは「実力だけ」あれば稼げるのが不動産業であり、だからこそ、面白いのです。


街の不動産屋さんを見てください。自分のおじいちゃんのような年齢の方がのんびり新聞を読んでいるだけに見えますが、駐車場にはレクサスやベンツが停まっています。

平日のゴルフ場は、石を投げれば不動産屋さんに当たります。

宅建の試験に受かることは、そんな未来に向けての第一歩です。

以前、宅建士の資格を取ったばかりの不動産投資家の方に、**「私、宅建士の資格を取ったんですよ。これで業者さんになめられないで済みますね」**と冗談めかして言われたことがあります。

僕は苦笑いをしながら、心の中で**「不動産投資をするなら宅建士の資格を持つのは当たり前のことで、なめられるとかなめられないとかいう以前の問題だよ」**と思いましたが、黙っていました。

厳しいですが、それが不動産業者の本音だと思います。

投資というのは、いかに強者になれるかがポイントです。

宅建業者になれば、不動産投資家よりも圧倒的に多くの不動産を扱うことになります。当然、知識も経験も物件情報が入るルートも増えますし、トラブル対応力も鍛えられます。何より、**売却を絡めることで手元にキャッシュが残りやすくなり、良い物件を買えるチャンスが増える**のです。

宅建業者と不動産投資家、どちらが強者かは、火を見るより明らかでしょう。

不動産投資だけではFIREするのに十分ではない

ここまでの話をより具体的にイメージしてもらうために、僕自身が実践してきたことを紹介します。

僕がなぜ皆さんに不動産投資と宅建業を組み合わせることを勧めるかというと、自分自身の経験から、不動産投資だけではFIREするのに十分ではないと気づいたからです。

僕は若い頃からお金持ちになりたくて、新卒で金融関係の会社に入りました。

そこで出会った**精神的にも満たされているように見えるお金持ちたちが、「不動産×自分の会社」を持っていること**に気づき、自分もそれを目指すことにしました。

そして不動産投資を学ぶために24歳で不動産会社に転職、その後は自分の会社を立ち上げたり、他人資本の会社の役員を兼務したりしながら、31歳の時にすべてのビジネスを手放しました。その時点で、アパートや貸家をいくつか所有していました。

しかし、**FIREしてしばらくすると、「資金が増えるペースが遅すぎる」と感じ、危**

不動産投資×宅建業を組み合わせる メリットは大きい

不動産投資で得られる
賃料収入

宅建業者として
得られる利益
（売却益や仲介手数料）

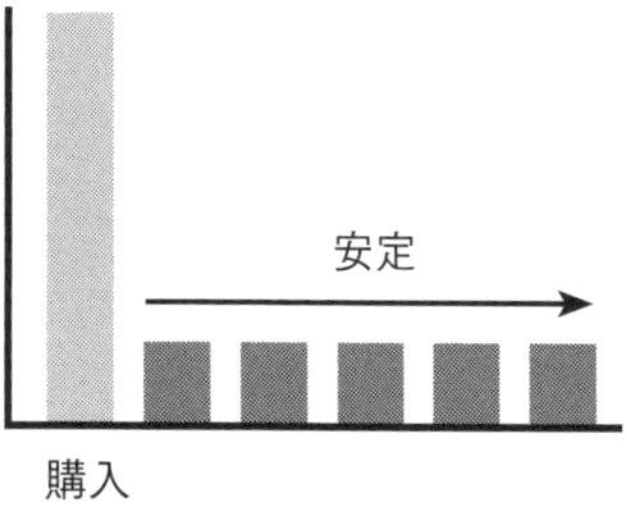

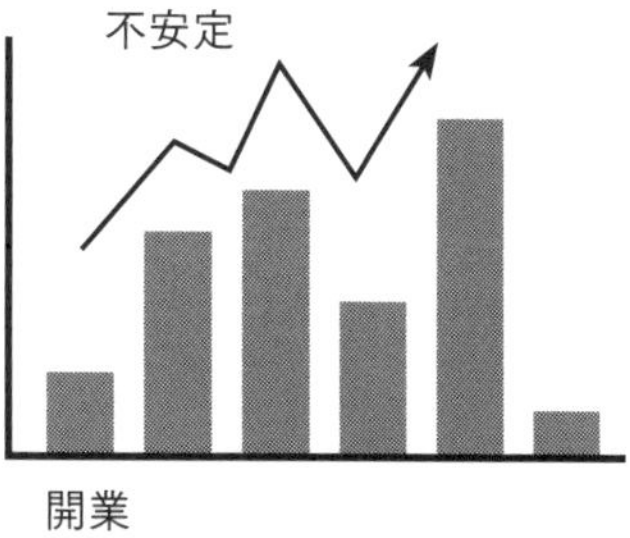

ストック収入

安定的だが資産の増える
スピードは緩やか

フロー収入

不安定だが粗利が大きく
資産回転率が高い

生活費はすべて家賃収入でまかない、
宅建業からの利益を
次の物件購入に回すことで、
FIRE生活が盤石になる

機感を覚えるようになりました。

不動産投資では通常、物件は長期で持ち続ける前提で購入し、5年とか10年とか経ったところで「古くなって修繕費も増えてきたし、そろそろ新しいものに入れ替えるか」という視点で物件を売却します。

しかし、**購入ばかり続けていると借金が増え、手持ちの資金が減ります**（家賃収入も増えますが、増えるスピードは緩やかです）。そして、キャッシュが少ないと物件購入の基準が「融資が付くこと」になり、本来欲しい物件の基準からズレていきます。

古くなった物件を何年かに一度、売却すれば一時的にキャッシュを増やすことはできますが、その利益はその時のマーケットに大きく影響を受けます。

右肩上がりのタイミングなら、高く売れるかもしれません。しかし、その反対ならどうでしょうか？　購入時に、「5年後に売却しよう」と決めていても、その時、いくらで売れるかは分からないのです。

そのリスクを重く見た僕は、月に数日だけ宅建業者として働くことを始めました（本当のことをいえば、ＦＩＲＥしてヒマになりすぎたのも理由です）。

そこからは、**安いと思う物件はどんどん購入し、家賃収入を得るのに向いた物件は保有、それ以外は売却して利益を確定するということを繰り返しています。**

生活費は毎月の家賃収入の中でまかない、宅建業での利益はすべて次の物件購入に回す、このやり方を取り入れて以来、キャッシュは増え、常に理想により近い物件を保有することが可能になりました。

こうして、「不動産投資×宅建業」を組み合わせることで、僕のＦＩＲＥ生活は盤石なものになったのです。

POINT

常に安く買い、購入後に「賃貸」か「売却」で最適なほうを選ぶ
フレキシブルに買いと売りを行えるのは宅建業者だから

第2章

投資用ローンに頼らない 不動産投資の始め方

素早くお金持ちになりたい人にとって、不動産投資は有効な手段。
でも、注意しなければいけないのが
「投資用ローン」に頼りすぎた投資手法です。
本章では、失敗しにくい不動産投資の始め方を解説します。

STEP1 タネ銭を増やし、属性を上げる方法

不動産投資と宅建業、どちらが先？

「不動産投資×宅建業」を組み合わせてお金持ちになろうと思うと、まずは不動産投資を始めて、次に宅建業者になるという順番をイメージする人が多いようです。

しかし、**最速でお金持ちになることを目指すなら、どちらが先とかではなく、両方とも早く始めたほうがいい**と思います。

「いきなり両方は無理」と感じるかもしれませんが、この2つは共通点が多いので、むしろ一緒に準備を始めることで、プラスの相乗効果を生んでくれます。

この章ではまず、不動産投資の始め方を紹介します。

お金を貯める基本は「浪費」をしないこと

まずは準備編です（すでに手元資金が潤沢にある方は、STEP1は読み飛ばしていただいて結構です。タイム・イズ・マネー！）。

不動産投資を始める時、手元資金は1円でも多いほうが有利です。

普段から浪費をしない生活を心がけて自己資金を増やすことは、いろはの「い」、基本中の基本といえます。

節約より稼いだほうが早い！ という人がいますが、賛成できません。初期フェーズでは1000円稼ぐより、1000円節約するほうが確実です。

僕の知る限り、お金持ちの多くが無駄な出費を極端に嫌います。

節約はケチな人がすることではなく、お金持ちになる人がすることだと思っています。

特に次の2つは重要です。

①見栄のためにお金を使わないこと

車、装飾品、ホテル等はどんな基準で選んでいますか？　ハイブランドと呼ばれる類いのものにお金を出していませんか？

もちろん、機能にはお金をかけるべきです。心がけたいのは、買い物から見栄やステータスを排除することです。これが加わると、途端にモノやサービスの金額が上がるからです。

②余計なサービスや固定費は定期的に見直して、必要に応じて契約と解約をマメに行う

Netflixなどのサブスクや有料アプリ、Wi-Fiなど、あると便利だけれど必須ではないという出費があります。これらをエクセルやGoogleのスプレッドシートに、「項目名、金額、必要度合い」として記載して、定期的に見直しましょう。

不要なものはマメに解除する習慣をつけると、お金が貯まる体質になっていきます。

大事なことなので付け加えますが、**お世話になった人や、良いお付き合いを続けたい方に対して使うお金には糸目をつけないほうがいいでしょう。**

生き金とそれ以外の区別をしっかりとつけるようにしてください。

節約のカギを握るのは固定費！定期的にチェックして不要なものは解約しよう

固定費 毎月一定額 必要な費用	・住居費 ・自家用車の維持費 ・各種保険 ・通信費 ・サブスク費など

変動費 月によって 変わる費用	・食費 ・光熱費 ・交際費 ・医療費 ・娯楽、レジャー費

「マイホーム購入」は資産を大きく増やすチャンス

住居費は一生の中で最も大きな出費ともいわれます。

そして、投資をする人もそうでない人も、全員に関わる部分です。

最も簡単に住居費を減らす方法として、一人暮らしをやめて実家に住むことや、友人や恋人と一緒に住んで家賃を節約することなどがあります。

また、すでにマイホームを買った人も、その売り方や次の物件の買い方で、大きなお金を得られる可能性があります。


我が家の実例をここで紹介します。

我が家は結婚してから3回、自宅を購入しました。すべて住宅ローンを使っています。

3回目の住宅ローンを打診した瞬間まで、すべての住宅を持ったままで、ローン残債までしっかりある状態でしたが、問題なくローンを受けられました（住宅ローンで物件を買いたかったので、それが認められるような形で相談に行きました）。

1軒目：東急東横線沿線の築40年超の区分マンション（60㎡弱）
2軒目：東急東横線沿線の新築区分マンション（80㎡程度）
3軒目：今の自宅。神奈川県に戸建てを新築

なぜ3回も自宅を買うことになったのかというと、1軒目は手狭になったためです。10年くらい住むつもりで購入したのですが、居住から1年半くらいの時、仕事の関係もあって僕のほうから妻に「引っ越そう！」と持ち掛けました。

妻はすぐに承諾してくれました。元の家は、「仕事で北関東に行く必要があるから貸します」と金融機関さんに伝えて許可をいただいた後、賃貸に出しました。

ローン返済も含め、月8万円の支出に対し、12万円で貸すことができました。

※住宅ローンで買った自宅は、原則として賃貸に出すことはできません。同じ状況になった時には、金融機関に相談して判断を仰いでください。

この賃貸人の方は、4年半居住された後で退去しました。

たまたま市況が上がっていたタイミングだったため、売却することにしました。

約2000万円で購入した家ですが、200万円プラス（いただいた賃料を含めると、さらにプラス200万円）で売却できました。

2軒目は新築で買い、築5年弱で買値の＋約1000万円で売却しました。

売りに出した理由は、住んでいた部屋と類似の別の部屋を、買取業者さんが自分たちの買値よりも高く買ったことを知ったからです。

業者の買値が自分の買値より上。「売るなら今だ！」と思いました。

妻も乗り気で、この日を境に一気に自宅を売却するモードになり、同時に次のマイホームに向けた土地探しの毎日となりました。

この2軒の自宅の売却益は、長期投資の道中で運良くヒットしたにすぎません。

とはいえ、**自宅購入の時点で、投資家目線を持ち、メリットの多いものを選ぶようにしてきた**のも事実です（「家族も納得できる家である」ことももちろん重要です）。

僕が「投資として」自宅を購入する際に意識しているポイントは、次の5点です。

- 首都圏の駅徒歩15分以内
- 住宅ローンが組める物件である（不適格事項等がない）
- 月々のランニングコスト（返済額＋α）よりも、築40年の周辺賃貸賃料事例が上
- 長期修繕計画が組まれており、その通りに実行されている（区分マンションの場合）
- 買った瞬間に儲からなくとも、大幅に下がることはないと予測される

この話をすると、「賃貸のほうがフレキシブルに動ける」という人もいますが、我が家は購入でもフレキシブルに動いていますし、経済的にもプラスになっています。

「自宅は負債だから投資家は賃貸のほうがいいのでは？」と聞く人もいますが、**投資として考えれば、より一層、購入に分があると思います。**

「持たざる者は、市況の恩恵を受けることは一生ない」からです。

もちろん、相場よりも高く買い、売りたくても売れない、貸したくても家賃がローン返

マイホームの買い方を工夫して、手元資金を増やそう！

ポイントは？

- エリアと駅からの距離
- 住宅ローンが組める
- 周辺の家賃が高い　など

＜著者の事例＞

1軒目： 東急東横線沿線の築40年超の区分マンション（60㎡弱）	2軒目： 東急東横線沿線の新築区分マンション（80㎡程度）
約2000万円で購入 ⬇ 家賃収入で200万円、売却で200万円 ⬇ 合計400万円のプラス！	約4000万円で購入 ⬇ 売却で1000万円プラス！

自宅購入の時点で、投資家目線を持ち、
価値の下がらないもの、
値上がりの可能性が高いものを買うのがコツ！

済を下回る、そういう物件を選ばない前提での話です。

誰も住まなくなった実家を賃貸に

実家や親戚の持ち物などで、使っていない不動産があるならそれを活用することもお金持ちに近づく一歩となります。

我が家の事例ですが、僕の妻は、僕と結婚をする直前に両親を亡くしていました。そして、**当時築20年弱の横須賀市の実家（戸建て）を引き継ぎました。**

相続した実家の使い道を相談された僕は、次のように答えました。

「今のまま、中古戸建てで売却するなら1800万〜1980万円。

解体して土地で売るなら、1500万〜1680万円。

ただ、賃貸に出せば月10万円程度は入るだろう。年間120万円の収入になる。

15年賃貸すれば、売却するのと同じ以上のキャッシュになるし、最後は土地が売れるから、ひたすら賃貸して、建物が微妙になったら取り壊して土地で売るのがいいのでは？」

妻は僕に方針を一任したので、僕は妻の実家を月10万円で賃貸に出すことにしました。

キレイな状態でしたので、クリーニングに7万円ほど支払っただけで、その他の修繕などは行わずに済みました。おかげで初期投資を抑えることができました。

それが、今から8年前のことです。

妻は、元実家の賃料を受け取るための専用の口座を開設しました。そして、家賃が入る日を「給料日」と呼び、増えていく口座の金額をときどき報告してくれました。

ある時、その口座の金額が７００万円を超えました。そして退去が発生したのです。

退去の連絡を聞いた時、私は「ラッキー」と思いました。

その家がある横須賀市の相場は今、多少上がっているからです。

２２００万円なら売れるだろうと思いました。それに、その時点で築20年を超えていたので、もう一度賃貸すると、築30年を迎えてしまう可能性が高まります。

それなら、今のうちに中古戸建てとして売却するのが得策だと思いました。

売却を決めた理由は他にもあります。

8年前よりも僕の仕入れ力が上がったため、10万円の賃料の物件なら、2000万円程度の現金で買える自信があります。

そのため、その家は今の段階で売り、売却で戻ったお金を僕の会社で借りて次の物件を買い、その運用益を得る法人から妻に10万円弱の給与を支払ったほうがいいと判断しました。

結果、妻は実家を相続してから7年半で、700万円超の現金を手にしました。

今後、相場で売却することができれば、2000万円以上の売却金額を手にすることになります。

ここでお伝えしたいのは、不動産の活用法はいくつもあるということです。

実家や身内の持ち物に限らず、**すべての物件に対し、プランA、B、Cを絞り出し、そ**

の上で最善の選択をすることが大切です。

そしてまた次の選択のタイミングが訪れたら、以前のプランは横に置いて、またその時点でのプランA、B、Cを絞り出し、最善の選択をする。これを繰り返すのです。

もし今、活用できていない物件があったら、放置することなく、プランA、B、Cをぜひ考えてください。**常にゼロベースで考え、売る、貸す、加工して売る、加工して貸すなどの選択肢の中から、一番有効な使い方を見つけましょう**。

不動産だけでなく、眠っている資産がないか、あればもっと良い活用法はないかを検証してみてください。

活用できていないモノを活用することが、投資やビジネスの第一歩となります。

POINT

浪費を減らし、常にゼロベースで〝必要なものだけにお金を使う〟
自宅や使われていない実家を活用することで大きな資金を作る

レバレッジを効かせるには「属性アップ」がカギ

自分は金融機関からいくらお金を借りられるか?

「私には親の家も親戚の空き家もない」という方も、実は大きな資産を持っています。

それは、自分です。自分自身の労働力や信用を使って、お金を増やすのです。

不動産投資が他の投資と異なる点として、物件を購入する際に金融機関の融資を受けられることがあります。これをレバレッジといいます。

レバレッジとは「てこ」という意味で、てこが小さな力で重い物を動かすように、小さ

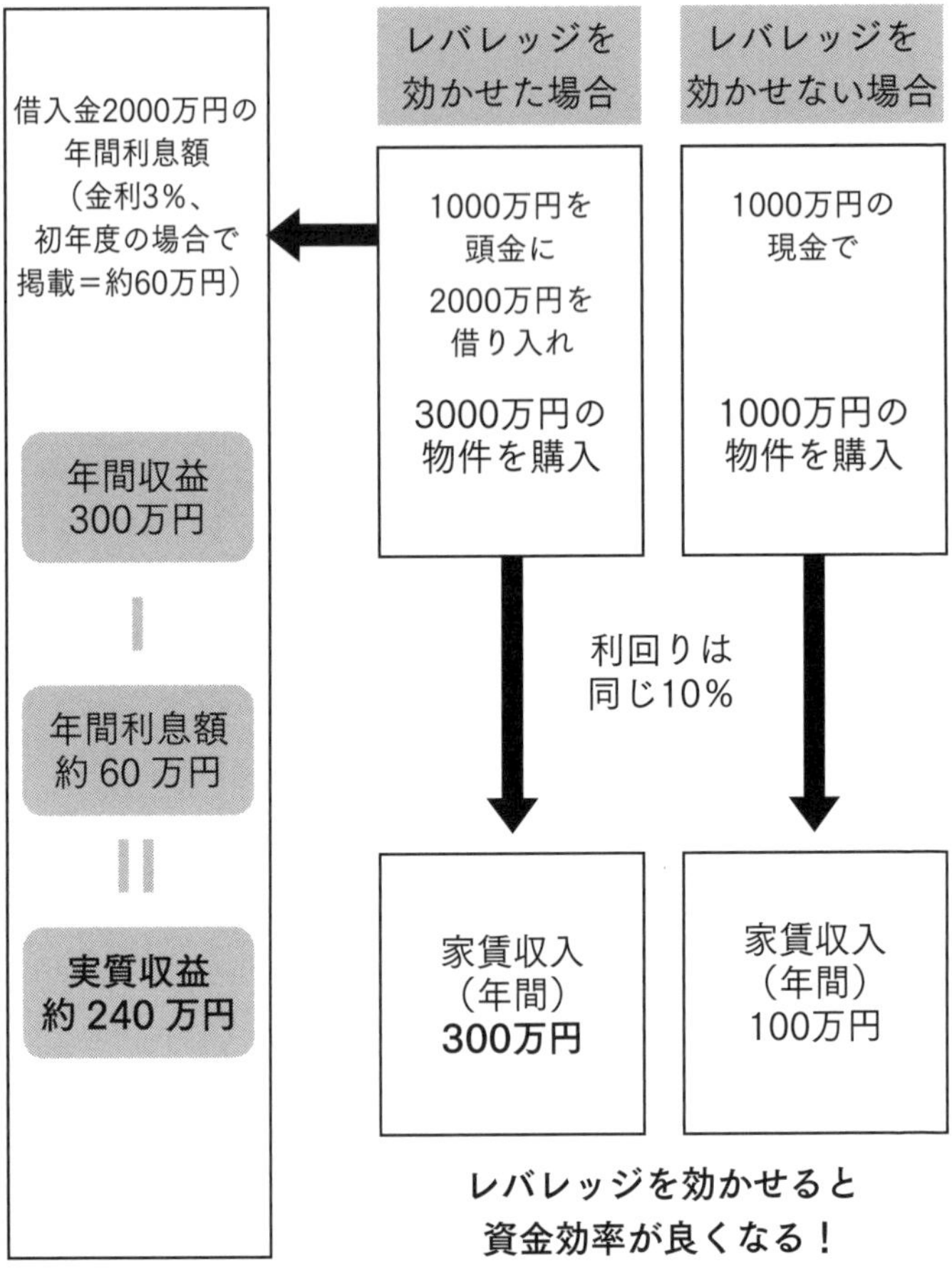

※返済分は自己の資産となり、利益になるため、元本の返済分は計算に入っていません。
※実際には空室が発生したり、諸経費（火災保険料や固定資産税）がかかったりするため、手残りはこれ以下になります。

なお金で大きな投資を可能にするという意味からこう呼ばれています。

借金ですからリスクもあります。そのため、初心者の方には融資を受けて物件を買うことをお勧めしません。

しかし、**融資はうまく活用すれば短期間で資産を築くための大きな後押しとなります。**実績を積んだ後で活用することを前提に、準備を始めておくことはとても有用です。

ここでカギとなるのが、次のような「属性」と呼ばれるものです。

①保有資産額
②年収
③勤続年数
④勤務先の内容
⑤年齢
⑥家族構成と家族の職業など

住宅ローンを組む時、「公務員は借りやすい」とか、「フリーランスは借りにくい」とか言いますが、それと同じ意味合いです。

この属性に加えて、融資を引く上で大切になるのが次の2つです。

①お金をできる限りたくさん持っている（現金がいい）

②不動産投資の経験が多少でもあること（3期黒字の法人の代表者ならベスト）

時期によって借りやすい物件や人などの流行がありますが、いつの時代でも、お金を貸す側が見ていることはシンプルです。

それは、「この人に貸して、絶対にお金が返ってくるかどうか」という部分です。

それに加えて、絶対的な条件ではありませんが、次の部分も見られます。

③今までにお金を借りていて、返済実績があるかどうか

④今回と同規模の事業を、過去に経験しているか

「不動産投資の経験がないと融資を受けにくい？　じゃあ、どうやって始めたらいいの？」と思いますよね。

少額現金で始めて実績を作ることをお勧めします（詳しくはSTEP2で紹介します）。

また、日本政策金融公庫や信用金庫は、初心者にも比較的融資をしてくれる傾向がありますので、最初はそういうところから当たるという方法もあります。

属性アップ方法①　今の会社の給料を上げる

属性を良くするための基本は、収入を上げることです。

これは、ボーナスが増えるように仕事を頑張る、という意味ではありません。毎月もらえる給料自体を上げる、という意味です。

カギとなるのは、「決済権者」に相談できるかどうかです。

現実的には、**上司と給与について直談判できる外資系企業にでも勤めていない限り、会**

社の給与を短期間で上げることはかなり難しいといえます。

一方、交渉の余地がある可能性が高いのは、大きなお金が動く業種の営業マンです。**自分が売り上げに直接関係する仕事なら、「歩合制」にしてもらうこと、それから「歩合率」を良くしてもらうことで、一気に収入を増やせる**可能性があります。

ただし、一歩間違えると、会社から見て「生意気なやつだ」と評価を下げられます。若い人なら、今の会社で給料を上げるよりも転職のほうが早道になるかもしれません。

属性アップ方法② 転職する

先ほど、今の会社で給料を上げる方法を紹介しましたが、日本のサラリーマンでこの段階まで行ける人は多くないはずです。

その場合は、**今の仕事を死ぬ気で覚えて会社の戦力になること**を目指しましょう。

この目的は、会社で出世することではありません。そうではなく、スキルを上げて、転職マーケットでの自分の価値を上げることです。

今の会社で給料が上がらないなら、給料の高い会社に移るのです。自分の能力を評価してくれる場所を探しましょう。

特にスキルがない、興味のある特定の業種もない、**とにかく稼ぎたいという方にお勧めなのは、不動産、車、保険業界**です。

僕が今、会社員で不動産以外の仕事を選ぶなら、高級自動車を扱う会社で歩合率の高い会社の営業職を担当させてもらうと思います。

ビジネスの基本である営業力を磨けますし、社長さんたちを相手に働くのは学びも多いと思います。

稼げる転職先としてお勧めは不動産会社

しかし、稼げる仕事として本当にいいと思うのは、やっぱり不動産です。

理由は、「不動産は商品を自分で作れる」からです。例えば、物件を安く仕入れて、キ

**年収が1000万円未満で
今の仕事にこだわりがないなら……
<属性アップ>で手元資金を増やし、
融資を受けやすくする道も！**

**1．今の会社の
給料を上げる**

「歩合制」に
してもらえないか？
「歩合率」を
上げてもらえないか？

2．転職する

お勧めは
・不動産
・車
・保険業界の営業

**3．副業やダブル
ワークをする**

時給ではなく、成果給
の仕事を選ぶこと！
いずれ、本業にでき
る仕事なら理想的

レイにして商品化すれば、その商品の価値を上げたことになります。

車も中古車なら、商品を作れると思います。ただ、新車ですと商品は作れません。

何を言いたいかというと、**「自分で仕入れができて、かつお金持ちが買いたがる商品」**がいいということです。


今、年収が1000万円未満で、自分の仕事にそこまでこだわりがない方は、ぜひ不動産会社で働くという経験をされてみてはいかがでしょうか。


お勧めは大手仲介会社、次に買取再販業者です。

その時の注意点ですが、入る会社を間違えないようにしましょう。

ご存じのように、どの業界にもいわゆるブラック企業が存在します。常に人材を募集していて、簡単に入れる会社には注意してください。兵隊として使い捨てられて、時間を無駄にすることは避けなければいけません。


また、転職した直後だと融資が付きにくい傾向がありますので、不動産投資を進める予定があるなら長期的な戦略を立て、計画的に転職や退職、起業などを実行していくことが大事です。

属性アップ方法③　副業（時給ではなく成果給で）

副業やダブルワークをする時のポイントは、時給ではなく、成果給のものを選ぶことです。

睡眠時間や勉強をする時間を削って、時給1000円を積み上げても限界があります。

スモールスタートで始めて、うまくいったら資金や時間を投下し、いずれはそれを主業に近いまでにするのがベストだと思います。

逆にいうと、そうなれる可能性がある副業を選ぶのがいいのではないでしょうか。

この時、お金が入ってくる場所やポジションにつくのを意識することが大事です。

お金持ちを目指すなら、**「人から時給分のお金をもらって働く」というマインドは、今すぐに捨てましょう。**

POINT

キャッシュが多いほど不動産投資を有利に始められる
転職も視野に入れて属性と収入を上げていこう

STEP2 最初の物件は小さく現金買いから

「少額・現金投資」でリスクを抑える

ここからは実際に不動産投資を始める方法を紹介します。

不動産未経験の方にはいつも、**「まずは少額で買える郊外の空き家を買いましょう！」**とお勧めしています。

その理由は次の通りです。

・空室から満室にする経験ができるから（買った時からオーナーチェンジだと、空室改善の力がつかない）
・オーナーチェンジだとすでに「商品」となっていて安く買える確率が低くなるから
・リフォーム手配の経験ができるから
・賃貸客付けの経験、賃貸業者さん相手に営業する経験ができるから
・現金で買うほうが安く買える可能性が高いから（不動産はスピード勝負の側面があるので、それを体感すること）
・間違った物件を買わなければ、数年で利益が確定できるから
・金額が小さく売りやすいので、方向転換がしやすいから（最初から融資を付けて買うと、売れなかった時に詰む可能性がある）

この経験には、融資と建築以外のほぼすべてが詰まっています。

周りがいきなり大きな物件を買っていても関係ありません。「急がば回れ」の精神で臨んでください。

100万〜500万円の物件から始める

初心者の方は、「100万〜500万円の戸建て」から不動産投資をスタートさせるのがお勧めです。

感覚としては、年収1000万円以下、かつ資産額3000万円未満の方は、200万円以下の空室物件を購入し、表面利回り30%をDIYなしで実現することを目標にしてほしいと思います。これを、2軒はやりましょう。

なぜDIYなしかというと、自分の労働を入れては、投資の練習にならないからです。

投資でこだわるべき点は、「自分にしかできない仕事」に集中することです。**自分にしかできない仕事とは、「物件を買うこと」と「金融機関開拓」「高額代金の振り込み」です**。単価が高い仕事をしましょう。

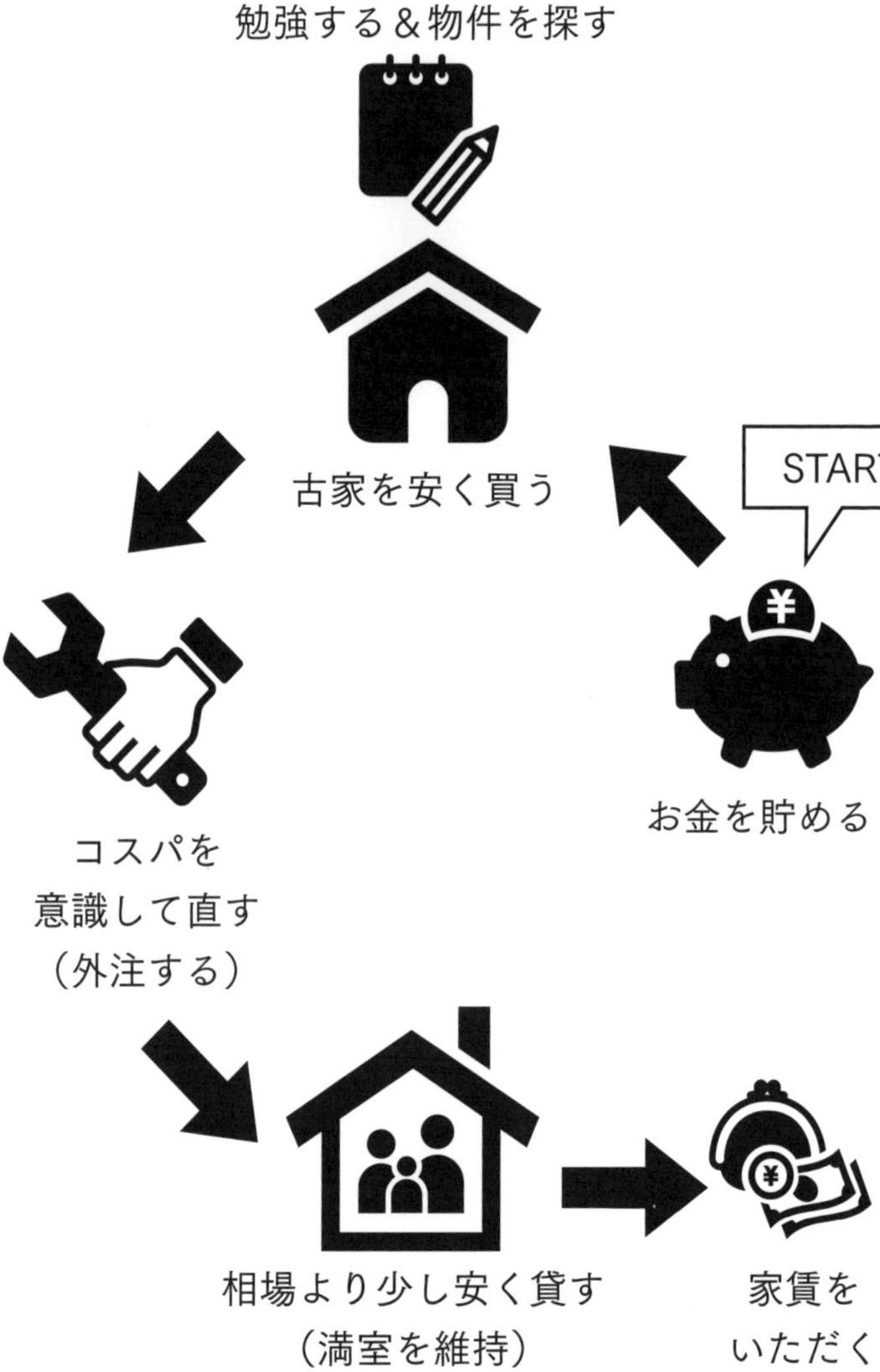
勉強する＆物件を探す
古家を安く買う
START
お金を貯める
コスパを
意識して直す
（外注する）
相場より少し安く貸す
（満室を維持）
家賃を
いただく

年収1000万円以上、かつ資産額3000万円以上の方は、首都圏（都下が望ましい）の戸建てを500万円くらいで買いましょう。安く取得ができるなら「再建築不可」の戸建てでも構いません。

こちらは空き家を購入し、DIYなしで表面利回り20％で仕上げることを目指します。

こちらも、2軒はやりましょう。

もちろん、何でもいいわけではありません。**狙いは、賃貸需要があるエリアで、リフォーム費用も数十万円でおさまる空き家です**。築古で構わないので、水回りがキレイなものを選ぶと、リフォーム費用を抑えられ、賃料発生までの時期を早められます。

POINT

成功とは失敗しないことの積み重ね
〝負けない投資〟で最初の一歩を踏み出そう

【番外】「投資の神様」が語った絶対法則

ルール1：決して損をしない

ルール2：決してルール1を忘れないこと

これは、株式投資の神様といわれるウォーレン・バフェット氏の投資のルールです。

世界有数のお金持ちである同氏は、儲けを追求した結果、お金持ちになったのではなく、**損をしない勝負を続けた先で、現在の資産を築いた**のでしょう。

「損が出ても経験になるからいい」と勢いで不動産を買うことに、僕は反対です。結果として損が出たとしても、あくまでも〝結果論〟であるべきです。不動産投資をギャンブルにしてはいけません。

安く買うには仲介業者から見て良い投資家になること

儲かる物件は自分から探しに行く

郊外の空き家を買うことを推奨すると、最初に出てくる質問がこれです。

「どうすれば良い物件を安く買えますか？」

答えは、「待っているだけでは情報は来ません。自分から行動しましょう」です。

先ほど日本では古家が余っていると言いましたが、それを安く入手して貸家にしようとする不動産投資家も増えています。

問い合わせを入れて、「分かりました。あなたに売ります」と言ってもらえればいいのですが、そうすんなりいくケースばかりではありません。

では、どうすればいいか？

具体的には、狙ったエリアにある不動産会社や、ネットにそのエリアの物件情報を出している不動産会社を訪問するなどして、情報の入ってくるルートを作ります。

たぶん、ここが最初のハードルです。

たまに、「とにかく行動だ」とがむしゃらに問い合わせを入れて、指値を入れまくる人がいます。行動力は素晴らしいですが、効率が良くありません。

ここで心がけたいのが、業者に「この人に買ってほしい」と感じさせる投資家になることです。

僕が不動産会社で働いていた時、「この人に売りたい」と感じるお客様は次のような人でした。

- **知識と判断力があり、買うか買わないかの結論をすぐに出せる人**
- **分からないことがあれば自分で調べる人**
- **物件を見てすぐに、「〇〇について問題がなければ、〇月〇日に契約（または決済）します」と表明できる人**
- **「買った後であれこれと細かいことを言わない人」**

もちろん、「買える人」（現金を持っている人、融資が付く人）が有利なのは間違いないですが、そういう人が複数いる時、差がつくのはこの部分でした。

また、買えない人たちには、次のような特徴がありました。

- 本質に迫っていない質問をする（売主さんの年齢は何歳ですか？　など）
- メールで、10点以上の質問を不動産業者さんに送る
- 個人情報（特に自己資金や融資枠）を自分から明かさない
- 買付証明書をなかなか出さない
- 後から買付証明書記載の条件以外を追加してくる

・「検討します」と言い、検討の期日を明確にしない
・不動産業者さんとの電話のたびに、「これ以上値下げはできないか?」を聞く・迫る
・融資を使うのに、融資打診は不動産業者さん任せ
・商談などの際に当たり前のように自分のフィールドに呼びつける

これらの条件が当てはまる人は、仲介営業マンから見た時、本気度が足りないように感じます。そして、**「面倒なことを言いそうだなあ」という空気**もあります。

もし他にも候補がいれば、営業マンは別の人を選びたくなるでしょう。

もしかすると、「自分は買えない人の条件に当てはまっているけど、買えているぞ」と疑問に思った方がいるかもしれません。申し訳ないですが、その方は**「他に買いたい人がいない物件だったから買えた」**という可能性があると思います。

良い物件は基本、ライバルがいます。その中から、「あなたに買ってほしい」と思われるような対応を意識するところから、買えるようになるはずです。

リフォームは職人さんに直接依頼する

空き家を買うと、基本的にリフォームが必要になります。そして、築古物件を投資対象にしている人にとって、リフォームは利回りを大きく左右する重要な要素です。

過去に自分が建築会社・リフォーム会社の役員をやっていた経験もあるので分かるのですが、**リフォーム会社に依頼しても工事作業をするのは、下請けの職人さんです。**

ですので、リフォーム費用を抑えるためには、職人さんと直接契約を結び、お互いにマージンを抜いた金額で工事を依頼するようにすると、両者が得をする形を作っていけます。

職人さんと出会う方法ですが、電話帳から連絡してみる、工事現場で声をかけてみる、作業道具を積んだトラックの運転手さんに声をかけるなど、アナログなやり方が有効です。

物件のあるエリアに信頼できる職人さんを見つけられると、大きなアドバンテージになります。

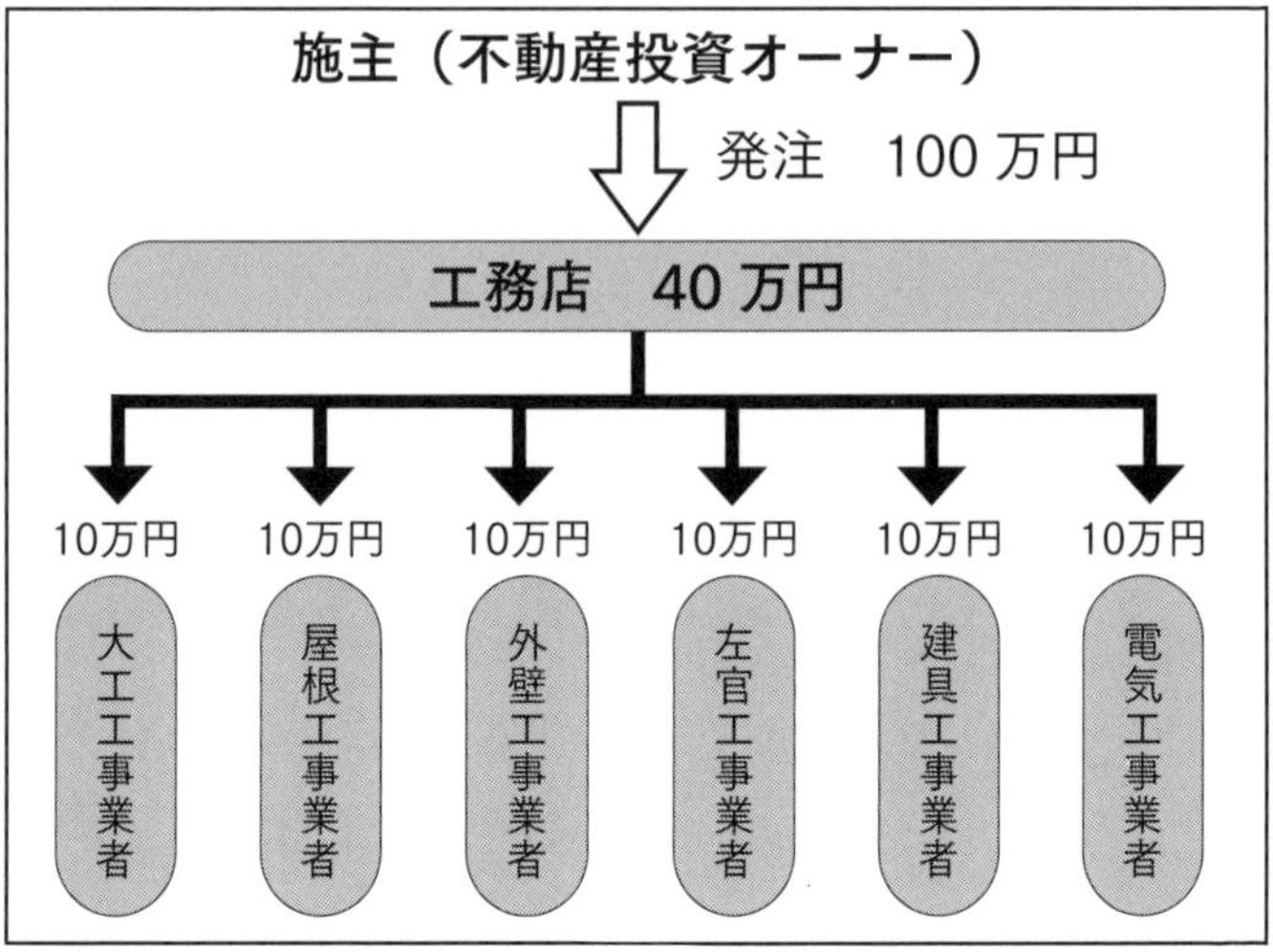
施主（不動産投資オーナー）
発注　100万円
工務店　40万円
10万円
10万円
10万円
10万円
10万円
10万円
大工工事業者
屋根工事業者
外壁工事業者
左官工事業者
建具工事業者
電気工事業者

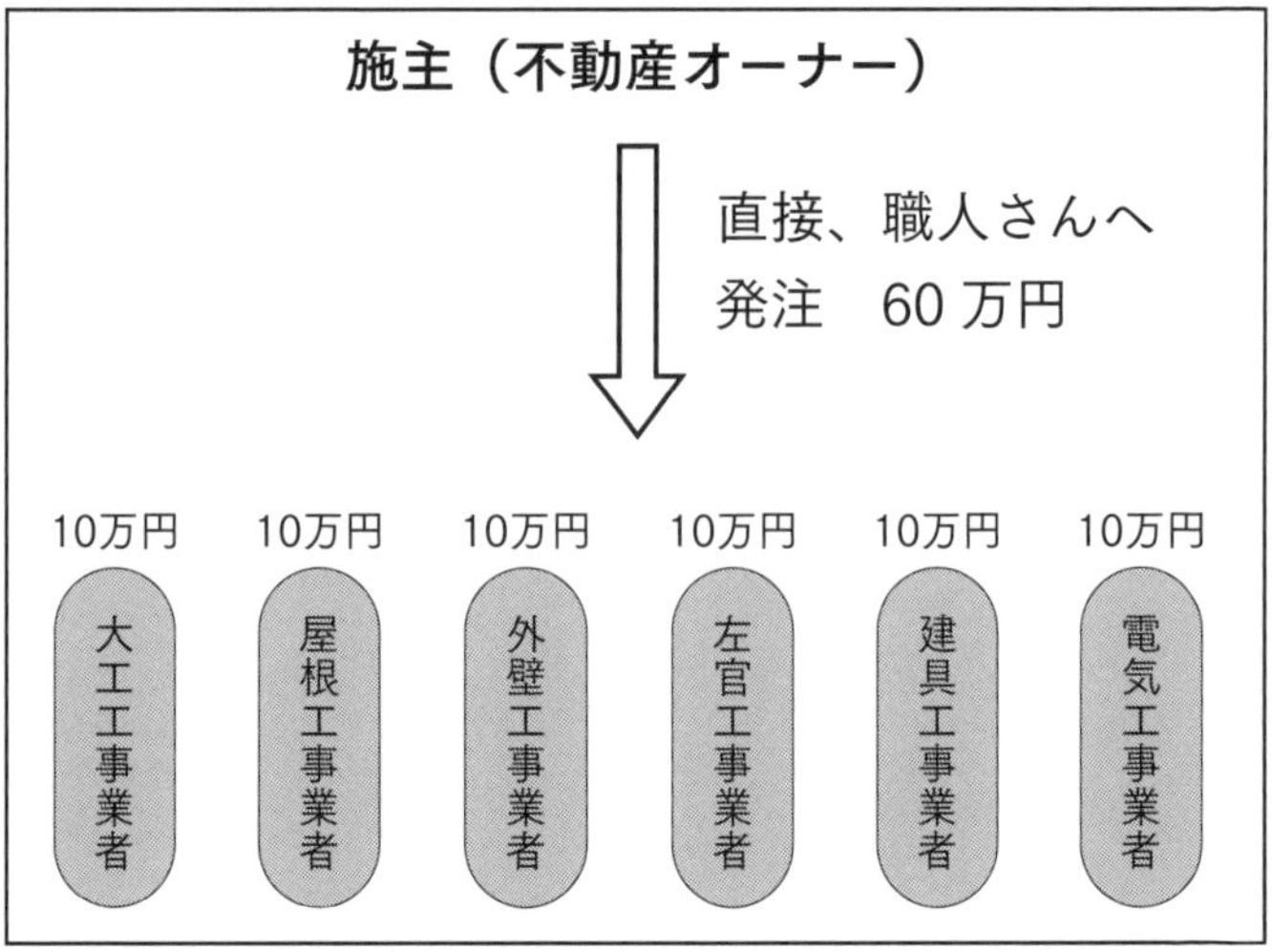
施主（不動産オーナー）
直接、職人さんへ
発注　60万円
10万円
10万円
10万円
10万円
10万円
10万円
大工工事業者
屋根工事業者
外壁工事業者
左官工事業者
建具工事業者
電気工事業者

客付けの成否は購入の時点で決まっている

物件を購入してリフォームを終えても、入居者さんが決まらなかったらどうしようと、不安に思う方は多いと思います。

これについては、正直なところ、購入の時点で結果はある程度決まっています。

賃貸需要がある場所の物件を安く買っていれば、相場より少し安く値付けすることでスムーズに埋まりますし、それができていなければ苦労する可能性が高まります。

ですから、物件を買う前に、3カ所以上の不動産会社にヒアリングをして、そのエリアでその間取りの物件に賃貸需要があるかを確認することは必須です。

そのエリアに住んでいる人でも、不動産投資のことを知らない親戚や知人の声は参考にならないので、**必ず賃貸仲介のプロに聞くこと**が大切です。

また、客付けは通常、管理会社や賃貸仲介さんなどの力を借りることになります。

この時に意識してほしいことがあります。

上から目線にならず、えらそうに振る舞わないということです。

たったこれだけで、「良い大家さんだ」というイメージが管理会社内で定着し、「あの人の物件が空室になったら埋めよう」という空気ができます。

大切なこととして、入居者さんの保証会社への加入は必須にしましょう。

保証会社に入っていると、滞納や孤独死といった決して珍しくないトラブルが起きた時、金銭的な損失をカバーしてもらうことができます。

僕は、保証会社の審査に通れば、無職の方でも入居してもらっています。逆に、どんなに良い会社に勤めていても、保証会社への加入に通らなければＮＧです。

管理は「入居者さんに対するスタンス」を事前に決めておく

無事に入居者さんが決まったら、次は管理です。

管理会社さんにお願いする場合と、自主管理をする場合がありますが、初心者（特に会社員）の方は、管理会社さんに依頼するケースが多いと思います。

いずれにせよ、最初の1カ月、それから最初の一手が非常に大事になります。

何が大事かというと、入居者さんに対するスタンスです。もっと言えば、相手の要望をどこまで受け入れるかを決めておくことが大切です。

「入居者さんとの関わり」については、大家さんごとに方針が異なります。中には、入居者さんに積極的に関わっていかれる方、自分で客付けをされる方もいらっしゃいます。

僕自身はというと、「極力、入居者さんとは親しくしない、連絡を頻繁にできる関係性にしない」ようにしています。なぜなら、僕は「自分の時間を取られることを避ける」仕事のやり方をしているからです。

自主管理の物件も持っていますが、入居者さんからの連絡は懇意にしている多能工職人さんに行くようになっていますし、建物の管理は客付けをしてくださった会社さんにお願いさせてもらっています。

いつ、誰に売却するか？

不動産投資を志す方は、物件を買ったら長く持ち続ける前提というケースが多いと思います。しかし、不動産は持ち続けている間に古くなっていきますし、マーケットの様相も変わります。

すぐには売らない前提でも、いつ売却をするのか、どんな人に売却するのかを想定しておくことは大切です。

例えば、古家を買った時、その後の使い道は次のようになります。

〈売却するパターン〉

①自宅用として欲しい人に売却する

②土地として欲しい人に、建物がない状態で売却する

③賃貸付けするか、もしくは空室の状態で「想定家賃は〇〇円」として、投資家に売却する（①②が難しい物件）

〈すぐには売却しないパターン〉

④建物が使えなくなるまでずっと保有する（利回りが高い物件）

⑤後世に残したい物件として、ずっと保有する

出口戦略

〈売却するパターン〉

①自宅用として欲しい人に売却する
②土地として欲しい人に、
建物がない状態で売却する
③賃貸付けするか、もしくは空室の状態で
「想定家賃は○○円」として
投資家に売却する（①②が難しい物件）

〈すぐには売却しないパターン〉

④建物が使えなくなるまで
ずっと保有する（利回りが高い物件）
⑤後世に残したい物件として、ずっと保有する

売却するパターンの①と②については、基本的に宅建業者でないとできません。

不動産投資家の場合、買ってすぐに売却することができないため、リフォームをして貸家にして保有した後で売却という流れになります。

④は売却してもそれほど高くはならないけれど、持っているとキャッシュマシーンのように稼いでくれるため、長期保有をする物件です。

⑤については、人それぞれ考え方が違うと思うので割愛します。

売却するのは先の話だとしても、購入する時点で将来どうするかの目処を立てておくことは非常に大切です。定期的に物件ごとに最適な使い道を検討し、「まだ持っていたほうがいい」「今が売り時だ」と判断することで、利益を大きくしていけます。

POINT

まずは小さく始めて、手法をひととおり経験することが大事
ノウハウを学び、関係者との良好な関係を築くことを意識する

STEP3 2戸目以降！割安な物件の特徴と買い方

「割安で購入できる物件」の5つの共通点

大家として一通りの経験をして、この先も続けていこうと決めたら、次の一歩を踏み出しましょう。もちろん、ここで狙うのもリスクが低く、割安な物件です。

割安で購入できる可能性の高い不動産としては次のようなものがあります。

売却理由を聞いてみて、これに当てはまるようならチャンスかもしれません。

①相続案件

②持ち主さんが遠方にいて管理ができない物件
③古い物件で、土地では売りづらい物件
④直近でお金が必要になってしまった方の所有物件
⑤権利関係に難がある物件

解説すると、①と②はかなり近いというか、この両方という物件が多くあります。
親御さんが急死されてしまい、遠方で使わない不動産を相続することになったといった物件です。そんな相続人の方々は、皆さん口を揃えて「管理ができないから早く手放したい」とおっしゃいます。

具体的に、「いくら儲けたい」というような話があまり出てこないのが特徴です。
このタイプの物件は、割安に購入できる可能性が高くなります。

③の建物が古く、土地としても売りづらい物件、これも割安になりやすいです。
理由は**「契約不適合責任を負うリスク」が高いため、不動産業者さんが買いたがらないから**です（僕はこういう物件を不動産業者の免許を持っていない法人で購入し、中長期保

有して家賃を得るという戦略を取っています。大家業のメインで持ち続けている北関東の高利回りアパートはまさにこれです)。

④のお金に困った方が売りに出した物件も意外と多く出てきます。

④の特徴として、首都圏、郊外問わずに割安に買える傾向があります(他の物件は、首都圏ではそれほど安くならないことが多いです)。

「今月末までに売りたいです」と急に話が飛び込んでくることも珍しくありません。

⑤の権利関係に難がある物件というのは、不動産の知識や経験で解決できる場合もありますが、難しい場合もあります。これは安くなるべくして安い物件ですので、説明は割愛します。

割安になりやすい物件の特徴とは？

- 相続案件
- 持ち主さんが遠方にいる
- 古い物件、かつ土地では売りづらい
- 売主さんの事情で急いでお金が必要
- 権利関係に難がある

↓

都会に住む相続人が田舎の実家を
持て余す事例が増えている

固定資産税……
草刈り……
火事の心配……
安くていいから手放したい！

「中古アパート」を買う時に気を付けたいこと

中古のアパートでお勧めなのは、広めの間取りの高利回り物件です。賃貸需要のチェックをクリアできれば、築年数が古くても安定的なキャッシュフローが見込めます。

逆に、**中古アパートで注意してほしいのが、土地価格が出るけれど、それ以外に特に強みを感じられない物件**です。

この手の物件を「将来は土地として高く売れそう」と買う人が多いようです。

土地値が出る物件は、確かに銀行の評価が高く、融資が付きやすいというメリットはあります。しかし、実際に建物を解体して、土地として売却するまでにもっていくのはそれほど簡単ではありません。

区分マンションや戸建てのように、住んでいる人が退去するとすべて空室になるのならいいのですが、**アパートは一括借り上げの解除といったレアケースを除いて、待っていて全空になるというものではないからです。**

追い出しをすればいい、と思う方もいるでしょうが、一人でもゴネる入居者さんがいれば困難ですし、その可能性は低くありません。

20％を超えるような高利回りで土地価格以下のアパートを買い、持ち続けるというなら話は別です。

しかし、**土地価格が出るアパートというのは通常、利回りが低い**のです。また、中古の木造アパートは融資期間が短くなるため、キャッシュフローも出にくいです。

物件が欲しい時、多くの人は「買っていい理由」を探します。そして、本当は儲かりそうもない物件でも、融資が付くとなると、さらに欲しい気持ちが強くなります。

「将来は土地として高く売れるかも」という希望的観測に引っ張られるのではなく、その物件を買って本当に儲かるのか、「土地価格以下」という言葉に惑わされず、しっかりとシミュレーションをして検討することが大切です。

地方か、都心か？　新築か、中古か？　儲かるなら、全部やればいい

「地方か、都心か？」というワードをよく耳にします。

どちらにも一長一短があります。

完全にダメなものはやらなければいいし、長所が素晴らしく、短所をカバーできるのであれば、やればいいと考えます。

単純に儲かるもので買えるものなら、エリアに関係なく、すべてやればいいと思います。

ただし、融資を使う場合は、「自分がどこに住んでいるか？」で答えが変わります。

融資を利用する際は物件の住所だけでなく、「どこに住んでいる個人・法人か？」とい

うことが非常に大事だからです。

融資を前提にした不動産投資戦略を取るならば、「居住地から1時間半以内」の物件に投資をするのが最も理にかなっていると思います。

すべてのエリアの物件を買えるわけではないのですから、どこに買うのが不動産投資として正解か、という議論には意味はないと思います。

その人に利益をもたらしてくれる物件は、どこにあるのか？

これが、「地方か、都心か？」に対する正解の一つだと考えます。

「新築」に関するトラブルが増えている

「新築がいいか、中古がいいか？」に関しては、「融資」と「出口」がカギになります。

融資の問題さえなければ、中古がベストだと考えています。

割安になりやすい物件の特徴とは？

地方か都心か？ 新築か中古か？
答えは人それぞれ。
自分を儲けさせてくれるのが
良い物件！

新築物件にお金を払っても
完成しないリスクが上昇中！
「工事会社の経営状態はどうか」の
事前調査は必須

資金繰りに余裕がない人が
いきなり新築に取り組むのは危険！

新築の建築費を下げるのは困難だからです。

また、新築は「お金を払っても竣工（完成）しないトラブルが増えています。リスクヘッジとしては、売り建て（土地を買って建てる）を避けて、建て売り（すでに建物が完成している）を選ぶことも一案です。

ただし、これは初心者向けの話で、中級者以上の方は得意なほうをやればよいでしょう。

POINT

地方、都会、新築、中古、すべてにメリットとデメリットがある
正解は人それぞれ。選ぶべきは「自分を儲けさせてくれる物件」

STEP4 「収入は最大」「支出は最小」なら高利回り中古アパート

売らない前提なら、「高利回り」に勝る物件はない

ここからは、僕が実践している不動産投資について紹介します。

結論から言うと、安定的な家賃収入（ストック収入）を得るための物件と、キャピタルゲイン（フロー収入）を得るための物件の両方を購入し、運営しています。

具体的には、北関東の高利回り中古アパートと、首都圏のオーナーチェンジの戸建てや区分マンションを組み合わせます。

2種類の投資のうち、メインとなるのは、北関東の高利回り中古アパートです。

その理由は、**「売らない前提なら、高利回り物件（ただし入居が決まる物件に限る）に**

勝る物件はない」からです。

もう一つ、北関東の高利回りアパートを買う理由があります。それは、運営中の手間がかからないからです。

僕は不動産業者時代、**儲かる物件の調査だけでなく、手間をかけずに物件を管理する方法**についても調べていました。

どんな物件を買い、どんな運営をすれば「不労所得」に近くなるだろうか？

そこでいくつかの仮説を立てた後、実際にいろいろな物件を買って所有してみました。

すると、**利回り20％以上を得られる物件の中では、北関東のアパートと戸建てが最もクレームも出入りも少なく、手間がかからなかった**のです。

利回りの高い物件を好む人のことを、「利回り星人」と揶揄《やゆ》する人がいます。

それでも僕は、持ち続ける物件に関しては、利回りにこだわります。

理由は、**「利回りが高いほど、投下資本が少なくて済む」**からです。

「だけど、融資を使えば、投下資本（自己資金）は少なくて済むのでは？」と思う人もいるでしょう。しかし、借りたお金も含め、つぎ込んでいるお金の総量が多いということは、市場に対しての投下額が多いということです。

僕はもっとシンプルに考えます。そして、次のことを求めます。

なるべく少ない金額&リスクで、多くの家賃を得る。

もちろん、いくら想定する利回りが高くても家賃が入らなければ意味がありませんから、高い入居率を維持できることが大前提となります。

少ない金額&リスクで、家賃を得るなら「木造」が最強

別の言葉でいえば、「収入は最大」「支出は最小」になるのがこの物件です。

例えば、同じ100万円の家賃を得ようとする時、そこにかかる維持費は大きい順に「RC造＞重量鉄骨造＞軽量鉄骨造＞木造」となります。

ここでの注意点は、収入が大きい物件でも、その分、多くのお金が残るわけではないということです。

例えば、RC造物件への投資だと「家賃年収は1億円」あるけれど、借金が10億円あり、年間の手残りは500万～数百万円程度というケースは珍しくありません。

正直、何かトラブルが起きればすぐにマイナスになるレベルです。

僕の目指す「収入は最大」「支出は最小」とは正反対のやり方だといえます。


「RC造物件の最大の魅力は、持ち続けている間はそんなに儲からなくても、売る時に次の融資が付きやすく、利益を得やすい点ですよ」という意見もあるでしょう。

いわゆる「コンクリート貯金」というやつです。

実際に『金持ち父さん　貧乏父さん』（ロバート・キヨサキ著／筑摩書房）が出版された2000年から現在に至るまで、この手法で大資産を作った不動産投資家が多くいます。

彼らは借金をしてリスクを取った分、大きなリターンを得ました。


しかし、これからの時代はどうでしょうか？


多くの大家さんは右肩上がりが続く前提で物件を買っているような気がします。

多額&長期のローンを組んでいるのに、売却するまで利益を確定できないこの手法のリスクは、これからどんどん高まっていくでしょう。

先のことは分かりません。ただ一つ言えるのは、自分なら、もっとリスクの小さい方法で儲けを出す道を選びます。

その方法の一つは、土地貯金です。コンクリート貯金ではなく。

最後に残る価値は「土地」。途中の維持コストはできる限り低く!

不動産で最終的に残る価値とは何か? それは建物ではなく「土地」だと考えます。

ですから、**できる限り上物(建物)には税金がかからないほうがいい**というのが僕の考えです。

税金だけでなく、維持コストも少なければさらにいいです。

維持コストがかからない物件というのは、「階層」が低い物件や(エレベーターがない、外壁塗装等に足場を組む必要がない)、詳細が把握できていて「図面が充実」している物件(修繕工事に余計なお金がかからない)です。

管理運営費も大事です。管理運営費というのは、オーナーが管理会社に物件管理を委託

いくら立派で
いくら家賃収入が多くても
手残りが多いとは限らない！

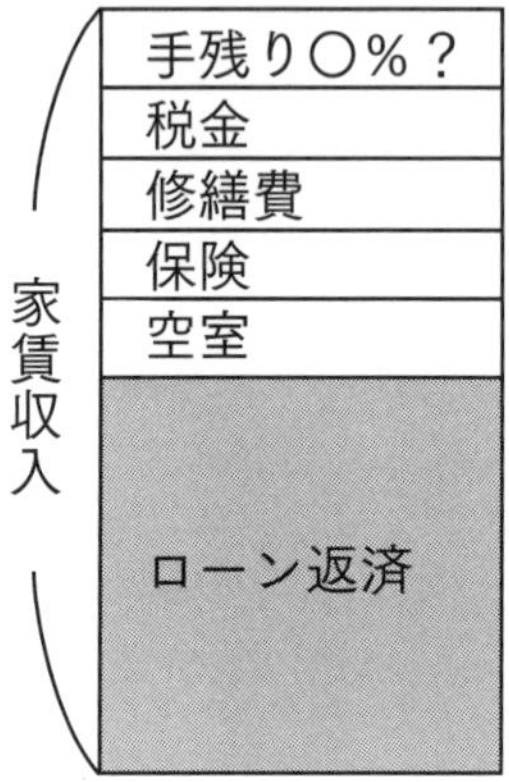

売り上げに惑わされるのはNG ！
大事なのは実質利回り
「収入は最大、支出は最小」の物件が一番儲かる

「収入は最大、支出は最小」
の理想に近い
北関東の木造中古アパート
（入居率が高いもの）

する費用です。全国的に3〜5%が平均的な数値です(事務所はもっと高く、都心では5%以上、郊外だと20%を超えるところもあります)。

「埋まりやすさ」「退去の少なさ」も維持費に大きく関係します。

売る立場から見ると、満室の物件はよく売れます。しかし、買う立場になると、購入時にいくら満室でも、出入りの多い物件は良い物件とはいえません。

ずっと空室というのは論外ですが、すぐに埋まる物件でも退去が頻繁に起こる物件は、リフォームや販促費用(広告費・AD)などが増え、手残りが減ります。

ここを購入時に判断できないと、表面利回りと実質利回りの差が開いてしまいます。

周りの不動産投資家を見ていると、不動産を買う時は、価格や利回り、銀行融資の付きやすさを気にするばかりで、維持費に関係する入居者の埋まりやすさや入居期間については頓着しない人が多いようです。

しかし、維持費は持ち続ける間、ずっと続く部分です。

いかに実質利回りの高い物件を買うか？　それが大事です。

いくら売り上げが多くても、出ていくお金も多ければ儲かりません。出ていくお金が多くて、さらに空室も多かったら、リスクは最大限に膨らみます。

数字のトリックを使えば儲かる物件に演出できる

ネットの広告等で、「たった○年で家賃年収○億円」などと書かれたものを目にします。

これは、「年商」と「利益」の違いを使ったトリックです。

この本のタイトルも、そんな感じではありますが……（笑）話を戻しますと、年商は1年間の売上高、利益は売上高から経費を引いたものを表します。

年商が多いからといって、儲かっているとは限りません。

自分を良く見せよう、または儲かる物件に見せて不動産を売ろうとすれば、このような「数字のトリック」を使って、いくらでも大きく見せることができます。

なぜ、こんな見せ方をするかというと、市場では手残りに関係なく、「たくさん儲かっているように見える」物件がよく売れるからです。

また、そういう物件を持っていると、周りからもすごいと言われるからです。

そして、大きい数字を出して儲かっているように見せるなら、RC造が有利です。

しかし、しつこいですが、家賃年収の多さと手残りの多さは、まったく別物です。

ですから、僕は長く持ち続ける物件としては、RC造物件を選びません（区分マンションは買いますが、これは家賃収入を当てにしたものではありません）。

僕にとって、1棟RC造とは長く所有すべきものではなく、売りやすい「商品」です。

安い市況下で買うならばいいですが、ここ数年は、「買いだ、保有したい」と思える1棟RC造物件には出会っていません。

地方物件のデメリットをどうカバーするか

持ち続ける物件として、北関東の埋まりやすい高利回りアパートが向いていると書きました。しかし、当然ですが、高い利回りの裏側にはデメリットもあります。

大きなものは、次の3つでしょう。

①エリアの問題や築年数が古いなどで、金融機関による融資が使いづらい
②郊外にあることが多く、居住地から遠い場合は、物件に何かあっても片道数時間かかる
③都市部に比べて人口が減っていくスピードが速い

しかし、これらのデメリットは次のような方法で解決することができます。

①基本的に融資を使わず、現金で物件を買う（ノンバンクを使うのもあり）
②現地のリフォーム職人さんや管理会社さんと連携を取る
③長期保有物件の数量を増やさない。一定の上限を設ける
※上限の金額は人それぞれですが、生活に必要なお金＋αが一つの基準となります。

①については力業ですが、**高利回り物件は早い者勝ちになりやすい**ため、なんとかクリアしたいところです（宅建業者としての収入があれば強いです）。融資特約なしで買い付

けを入れてノンバンクを使う方法もあります。

②については、現地の不動産会社さんや業者さんと関係づくりをすることで、毎回自分で足を運ばなくてもよくなります。

③については、**入居付けに時間がかかるようになったエリアの物件や、協力業者さんが少ないエリアの物件を、新しい物件と入れ替え**ます。

「出口戦略は?」という疑問を持つ方もいるでしょう。

僕の答えは、**将来的に建物がダメになったら最後は土地として売却すればいい**、です。

ただし、これは入居者さんがいる時よりも、解体して土地にしたほうが明らかに高く売れる物件の場合です（入居者さんがいるほうが高く売れるならそちらを選びます）。

地方には土地としての需要が弱い物件、賃貸物件のまま売っても利回り20%を超えないと売れないような物件もあります。

しかし、僕はそういう物件でも、町の人口動態や基幹産業のデータから、その先**5年以上の賃貸需要が見込めて利回りが20%以上ある**なら買ってもいいと判断しています。

高利回り物件を見つけやすい一方で
地方でのアパート投資には
リスクもある

<リスクを抑えて成果を上げるためのポイント>

現地のリフォーム
職人さんや管理会社
さんと連携する

保有物件の数に
上限を設ける

※入居に時間がかるものは手放し、別のものに入れ替えていく

地方物件のリスクを抑えて、
メリットを享受していこう！

数年で投資分を回収できるのですから損はありえないですし、維持費が安いため、最悪、放っておいても痛手は少ないからです。

高利回りのアパートと戸建てを購入した実例

ここからは実例です。

北関東の高利回りアパートや激安戸建ての話をすると、「今時そんな物件がありますか？」と聞かれますが、探せばあります。

例えば少し前に、**茨城で賃貸需要に困らないアパートを850万円で買いました。**2DK×4戸で駐車場は5台、築年数は約30年で購入時の表面利回りは27％でした。

つい最近は、**1万円で群馬の築35年程度、駐車場1台という戸建てを買いました。**残置物が大量にあり、売主さんがその処分を面倒に感じたことで安くなったようです。

このエリアには賃貸需要があることは知っていたため、迷わず購入しました。

購入後は15万円で業者の方に残置物撤去をお願いした後、25万円かけてリフォームすると、家賃5・5万円で入居者が決まりました。

表面利回りは６６００％、実質利回りは約１００％です（表面利回りとは何のためにある指標なのでしょう……）。

アパートは「人気エリアではないけれど、入居率が高いエリア」というラインを狙うのがコツです。地道に探せば、全国にこのようなエリアがいくつもあります。

そして、アパート以上に見つけやすいのが、激安の戸建てです。

その家に住んでいた親御さんが亡くなったり施設に入ったりして空き家になる家が、日本で急増しているからです。その家を相続したお子さんは、すでに東京など職場の近くで自宅を購入していることが多く、実家は使う予定もないため、持て余してしまうのです。

POINT

不動産投資をする目的は、融資を付けることでも売り上げを増やすことでも、見栄えのいい物件を持つことでもない。多くのお金を得ること。つまり、実質利回りが大事

長期で保有する前提なら高利回りが一番！

＜著者が最近購入した物件の事例＞

茨城県の築30年
アパート
2DK×4戸で
駐車場は5台

価格850万円
満室

利回り27%
何もしないで
そのまま賃貸中

群馬県の築35年
戸建て
駐車場1台

価格1万円
空き家

残置物撤去15万円、
リフォーム費25万
円でキレイな状態に

5.5万円で
入居者が決定！
利回り約100%で
運営中

↓

都会の不動産は値下がりしにくいが、
地方にはチャンスがある
安く買えるけれど賃貸需要がある、
そんなエリアを見つけよう！

STEP5 時間はかかるが堅い利益、首都圏のオーナーチェンジ物件

狙うのは退去後に価格が上がる区分か戸建て

北関東の高利回りアパート以外にも、長期保有に適した物件があります。

それが、「首都圏の区分マンションか戸建てのオーナーチェンジ物件」です。

この物件を買う理由は一つ。**退去になれば、「自宅として買いたい人」が、住宅ローンを使い、高い金額で買ってくれるから**（そういうものを選ぶ）です。

持ち続ける理由もただ一つ。今の入居者さんが出ていくのを待っているからです。

ポイントは、アパートのような複数世帯ではなく、1世帯のみの物件を選ぶことです。

すると、退去後すぐに売却できるため、**空室リスクを0%**で考えることができます。

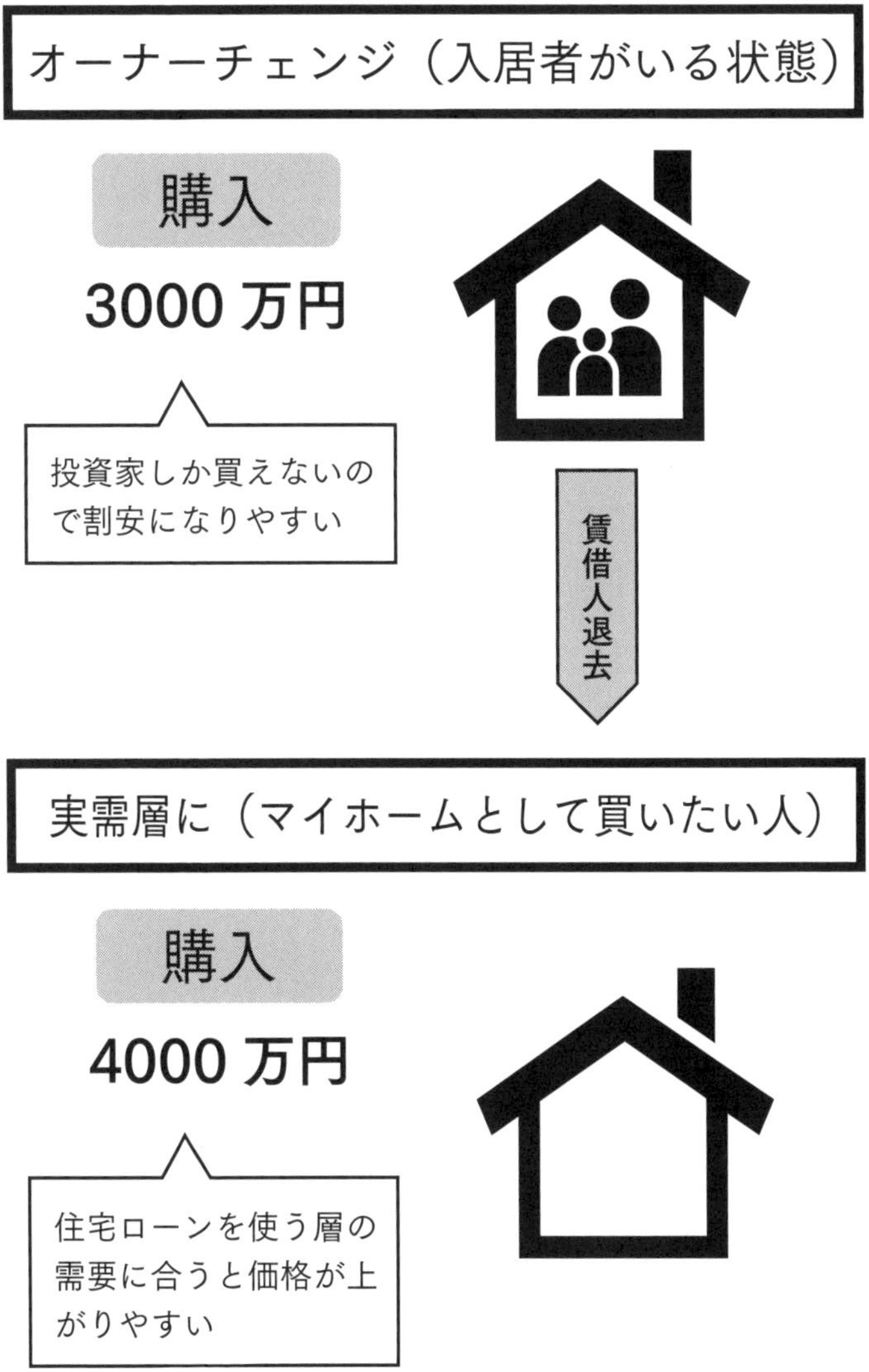
オーナーチェンジ（入居者がいる状態）
購入
3000万円
投資家しか買えないので割安になりやすい
賃借人退去
実需層に（マイホームとして買いたい人）
購入
4000万円
住宅ローンを使う層の需要に合うと価格が上がりやすい

買い方ですが、首都圏でも3000万〜5000万円を超えたあたりから、プレーヤーの数が減りますので、「売り情報が出たその日にジャッジし、融資特約なしで買い付けができる」という、そういう物件を狙います。それから旧耐震の物件も、即決できる人はまれなので、買いやすい傾向にあります。

業者さんの好む「即転売できるような物件」は、高価格帯であっても常に強い引き合いがあります。そのため、あえて**「退去までに時間がかかりそうな物件」や、「築古すぎて業者さんが避ける物件」**の中から浮き出てくる物件を選ぶのがいいと思います。

購入後は長期戦になるため、資金効率を落とさないよう、融資はできる限り使用します。具体的には、融資特約なしで買付証明書を出しつつ、ノンバンクさんの融資を受けます。なぜノンバンクさんかといえば、返事が早いからです。安く物件を取得するためには、何よりもスピードが重要です（ただし、ノンバンクは金利が高いため、その分、物件を安く取得する必要があります）。

長く持つ物件ほど融資を使う

融資の話をします。

北関東の高利回りアパートについて、「長期保有を前提に買っている」ことはすでに述べた通りです。これは見方を変えれば、売却してもたいして儲からないという意味でもあります。

アパートはしょせん、「投資で買い、投資で売らないといけない商品」です。買う時と売る時の差額を得るには、相場以下で仕入れるしかありません。

一方、戸建てや区分マンションは入居者のいる状況で投資用として買い、退去したら実需（空室）で売る（目利き次第ですが）ことが可能です。

投資用と実需用とでは、プレーヤーの数も違えば、使えるローンも違います。

不動産は、売る時は投資家向きでないほうが、金額が高いのです。この歪みがあるから、利益を得やすくなります（例外として、郊外の戸建ては実需層から安く買い、入居者を付けてから投資家に高く売ることができます。ここでも歪みを利用するのは同じです）。

このタイプの物件は目先のキャッシュフローが少なく、買える人も限られるため、今でも市場で見つけることができます。

特に都内の住宅は購入層が厚く、売る時に相場から大きくぶれることがありません。

例えば僕の経験でも、**オーナーチェンジで5000万円で買った都心の戸建てが、退去後に3割高く売れる**といったことはよくあります。

つまり、ガッチガチにリスクが低い投資といえます。

もちろん、メリットばかりではありません。これらの物件を買うために僕は3億円の融資を引いていますが、固定資産税や火災保険の費用を引くと、年間の手残りは400万円くらいです。

それでもいいのです。キャッシュフローはアパートから安定的に入ってくるからです。

2つ以上の性質の異なるものを組み合わせることが、リスクヘッジになるのがよく分かります。

また、キャッシュフローは少ないですが、借入残債は年に2000万円弱減ります。これも狙いの一つです。

この手法は地方都市でも可能ですが、やはり一撃でのインパクトは首都圏にはかないません。また、場所によってはかなり難易度が上がる（地方では退去後はむしろ価格が下がることも珍しくありません）ので、売却できる価格をしっかりと調査してください。

首都圏のオーナーチェンジ物件の2つの実例

ここで、僕自身が経験したこのタイプの投資の実例を紹介します。

直近の1年間で、首都圏のオーナーチェンジ物件を30件ほど購入できました（そのうち20件超を、融資を受けて購入しています）。

この中に2つ、短期間で居住者退去となり、売却した物件がありました。

1）横須賀市中古戸建て　購入：1500万円、売却益約900万円

1つ目は1500万円（表面利回り9・6％）で買った、横須賀の中古戸建てです。築40年で、駅から徒歩10分ほどの場所にあります。土地としても売れる物件です。

「退去になれば、住宅として欲しい人に1980万円くらいで売れるだろう」と思って購入しました。しかし、好況に恵まれて2500万円で売却することができました。

この物件が自分のところに回ってきた理由ですが、次の2つだと思います。

①横須賀にしては利回りが低いこと
②築年が古いため、投資用の融資が引きづらいこと

購入から1年半で退去になったので利益が比較的大きくなりましたが、退去がなければ、ただの利回り9・6%の物件を保有している状態でした（横須賀の築古戸建てで不動産投資をしたい人には物足りない利回りでしょう）。

まとめると、保有していた1年半で200万円超の家賃をいただき、売却益で900万円ほどを計上できた良い取引となりました。

2）横浜市中古区分マンション　購入：700万円、売却益約550万円

2つ目の事例は、横浜の中古区分マンションです。物件価格は700万円（表面利回り8・

5%）でした。区分マンションですので月々の管理費と修繕積立金で約2万円かかります。それを計算に入れると、利回りは5・1%ぽっちになります。

こちらの物件も築40年で駅から徒歩10分という立地でした。

退去になれば1500万円弱で売れるだろうと購入した物件ですが、それより少し低い1300万円での売却となりました。

この物件を購入できた理由は、次の2つだと思っています。

①利回りが明らかに低いこと
②築年が古いため、投資用の融資が引きづらいこと
（1の横須賀市の戸建てと一緒ですね！）

この物件は購入するか否か、非常に迷いました。築40年を過ぎた区分マンションということで、購入後の居住者の入居期間が長くなれば投資として厳しくなります。

利回りも低いです。退去がなければ損はないですが、利益もほとんど望めません。

それでも、この物件を買うことに決めました。

理由は、入居者さんに滞納履歴があったからです。滞納が続いた場合、それを理由に退

**「不動産投資×宅建業」を
組み合わせると資金効率がアップする！**

価値より安いものは全部買う！

↓

貸すか売るかの二択から、より儲かるほうを選ぶ

〈貸す物件〉
①地方の高利回りアパート
（高入居率を保てるもの）
②首都圏のオーナーチェンジ物件
（退去後に高く売れるもの）

〈売る物件〉
貸す物件以外

↓

売却益で次の物件を買っていく

去してもらおうと考えたのです。

結果として、その通りになりました。購入後、14カ月で滞納が積み重なり、退去となりました。保証会社さんに加入していたため、滞納や退去に伴う出費はありませんでした。

この他にも、今はまだ入居中の物件として以下のような物件を保有しています。

池袋、府中、三鷹、足立区（東京都）、横浜、関内、横須賀（神奈川県）、浦和、大宮、所沢（埼玉県）、松戸（千葉県）など。これらも退去が発生し次第、すべて売却します。

すべての物件の共通点として、居住面積が40㎡以上ということがあります。

これは、「自宅用」として買う方を意識しているためです。40㎡未満の広さの物件を長期保有用として買うことは基本的にありません。

POINT

首都圏は戸建てやマンションを欲しい層が厚いため、オーナーチェンジ物件を買って退去後に売却することで利益が得やすい

第3章

宅建を取れば、富を築くスピードが加速する

僕の「宅建×不動産投資術」では、宅建業者になることが必須。
取引に役立つ知識や人脈を手に入れられるし、
何より物件を繰り返し売買できるようになるからです。
本章では、宅建業者としての稼ぎ方について解説します。

STEP1 法人を設立し、自分のビジネスを始めよう

不動産投資だけでは時間がかかりすぎる

今の日本で、サラリーマンがお金持ちになるのは非常に難しいです。

不動産投資を始めるとお金は増えていきますが、スピードは遅めです。ＦＩＲＥするにはどれだけ早くても数年はかかります。

もっと早く稼ぎたいなら、サラリーマンのままでいいので、自分の会社を作り、自分のビジネスを始めましょう（ただし、副業規定等に注意してください）。

会社設立は、司法書士さんに頼めば、あっけないほど簡単にできます（自分ですべて手続きするやり方もネットで簡単に調べられます）。

株式会社と合同会社なら、合同会社のほうが安くできますが、僕は周りから見た時のイメージを考えて、株式会社にしています。

株はすべて自分か、自分の大切な家族で持ってください。できれば7割以上は自分が持ってください。上場しないならば、他人に株を持たせてはいけません。

これが億単位のお金持ちになるためのスタートです。

サラリーマンをしているとその流れが見えにくいのですが、世の中には大きなお金の流れがあります。そこにはガンジス川もびっくりの大量のお金が流れています。

サラリーマンがそのお金の流れにタッチできるのは、会社という小窓を通してだけです。

一方、会社を持つと、お金の流れに飛び込んでいけます。流されておぼれることもあるかもしれませんが、稼ごうとすればチャンスはいくらでもあります。

サラリーマンで1年の間に1億円稼げる人は、数えるほどでしょう。

しかし、中小企業の社長なら、それほど珍しくありません。

年収1000万円くらいなら、田舎の土建屋のおやじだって稼いでいます。さらに節税ができ、可処分所得も断然多いのですから、サラリーマンとは大きな差があります。

お金も時間も余裕があるという観点で見れば、日本で最強の職業は中小企業のオーナー社長です。サラリーマンと違って自分で給料を決められますし、稼ぎに天井がないのですから、当たり前といえば当たり前です。

お勧めは、**最初は本業をしながら副業として会社経営を学び（ただし、副業感覚ではなく、本業にするという強い意志を持って取り組むこと）、その間に潰れない会社を作る**ということです。

この会社で月50万円のキャッシュフローを作れたら最高です。30万円でもいいかもしれません。不動産投資を学んだ後なら、それを作る設計図は自分で描けるはずです。

これだけで、簡単には潰れない会社ができ上がります。

日本で稼ぐなら、中小企業の社長が最強！
サラリーマンとしての稼ぎには限界がある……

↓

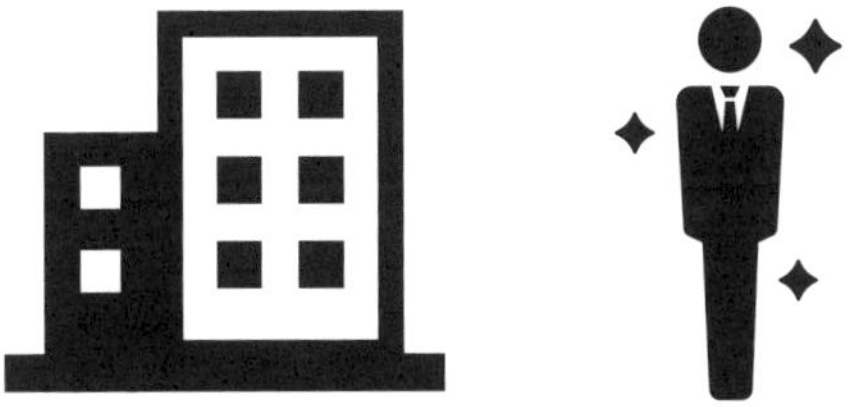

会社員のまま法人を作って、
キャッシュフロー 50 万円を作る

↓

キャッシュフローがあるから
思い切って自分のビジネスに飛び込める！

不動産投資と相性が良いのはやっぱり宅建業者

早く大きく稼ぎたいなら、お勧めはやっぱり宅建業者です。
ここで改めて、宅建業者になることのメリットを紹介します。

【メリット】
①短期的な不動産売買を何度も行うことができる（宅建免許がないとできません）
②プロ向けの価格で売り物件情報を得られる可能性が高い
③士業（弁護士・税理士・司法書士など）から直接物件情報の提供を受けやすい
④自分の物件を売る時に仲介手数料がかからない

メリットの①は本書で何度も述べた通りです。②と③は小さな取引を多くこなしながら業者間での人脈を広げていくなど、「買いの営業」を続けることで開拓していきます。
④は、不動産投資家が宅建業者になってすぐにメリットを感じられる部分です（僕の周囲では、このために業者になった人も少なくありません）。

②は宅建業者になることの最も大きなメリットといえるでしょう。

念のため補足をすると、**宅建業者として不動産を買ったからといって、すぐに売却する必要はまったくありません。**持ち続けるメリットのある物件に出会えたら、自分の物件として長く保有したっていいのです。

複数の物件を買う中で、自分が保有したい物件はそのまま残すことで、自分の不動産ポートフォリオの質を高めていけます。

もちろん、デメリットもありますが、どれもカバーできるものです。

【デメリット】

①プロとして市場に関与するため、非宅建業の法人や個人よりも罰則規定が厳しい

②開業時に免許取得費用として150万~200万円の金額がかかり、年間の免許維持

費も10万円程度がかかる
③大金を求めて猛者《もさ》が集まる、未経験者には厳しい世界

デメリットの①は大切なことですが、罰則を受けるような不動産売買をしなければいいだけの話です（僕も昔、経営していた会社でトラブルを経験したこともありますが、その確率は1％を切ります）。

デメリットの②は、仕事を頑張ればすぐに回収が可能です。

デメリットの③については、最初は苦戦する人もいるでしょう。そんな時は、「自分はお金持ちになるための山を登っているんだ」と強い気持ちで取り組んでほしいと思います。

POINT

日本で最強の職業は中小企業のオーナー社長
不動産投資×ビジネスで稼ぐ仕組みを作ろう

【番外】管理会社時代に学んだこと

不動産投資を始める方に伝えたいことがあります。

管理会社を経営していた時、急逝した大家さんのご家族は何の引き継ぎも受けておらず、とても困っている様子を何度も見ました。

そのため、僕は万一の時に備えて、年に一度、エクセルファイルに所有不動産の情報をまとめています。取得価格、リフォームの内容とかけた値段、売る時の最低価格、分野ごとの相談相手の連絡先など、様々な情報を記録してあります。

年末にまとめることが多いです。遺言は元気なうちに書きましょう。

STEP2
やっぱり宅建業者が一番強い

実需層相手か、不動産投資家相手か

実際に宅建業者になったら何をやるのがいいかですが、**「価格が安定している立地の実需向けの不動産」**と、**「お金持ちが買いたがる1棟収益の仲介」**がいいと思います。

感覚としては、後者は経験がなければ難しいと思いますが、前者は自己資金が500万円くらいあれば取り組むことができます。

「価格が安定している立地の実需向けの不動産ってマイホーム用の物件でしょう？　面白くなさそう」と思う方もいそうですが、そんなことはありません。

お客様に喜んでもらえることが多いですし、これだけを扱う業者も少なくありません。

「お金持ちが買いたがる1棟収益の仲介」を扱ってみるのも、もちろんいいと思います。

ただし、マイホームを買う層と違い、相手も投資（ビジネス）ですので、厳しい姿勢で臨んでくる方もいます。

ただ、**投資家さんはお得な物件を紹介すると、次も買ってくださいます。**

一生続くお付き合いができるのは、投資家さん（ただし、成功していてお金を持っている人）です。


僕にもリピーターのお客さんが何人もいらっしゃいます。

実は業者時代、一度きりのお客様との取引はそう多くありませんでした。

10人未満のリピーターさんたちの物件の売買で、億を超える利益を出していました。効率を考える僕にはそのやり方が合っていました。


若い方に言いたいのは、とにかく働きましょうということです。そして、真っ先に物件情報をくれる業者さんや、リピーターのお客さんを増やしながら、自分のスキルを磨いていくのです。

最初にどれだけ仕組みを作れるか、そこにエネルギーと時間をどれだけ割けるかで、その後の自分をラクにします。

不動産業者時代に学んだ稼ぎのルールと僕の稼ぎ方

ここから少し、僕が不動産業界での修業時代に学んだ稼ぎのルールを紹介します。

前にも書きましたが、僕は新卒で入った金融関係の会社で、「お金持ちは不動産×自分の会社を持っている」という共通点があることに気づきました。

そして24歳の時、不動産会社に転職することにしました。不動産投資の勉強をするためです。

この時、自分よりも頭の良い社長の会社に入るよりも、自分と頭のレベルが同じかそれ以下の社長が経営する会社に入ったほうが、独立への自信になるだろうという理由から、そういう学歴の創業社長が経営する不動産投資系の会社へ転職することにしました。

（とんでもなく失礼なことを書いているという気持ちはあるのですが、大事なことだと思っています。人は、自分よりも格上の人より、格下なのに成功を収めていると再現性があると感じるような傾向にあると考えています。なお、私が入った会社の社長は、学歴は同程度でしたが、ビジネスマンとしては格上の尊敬できる方でした)

気になる不動産会社を2社に絞り、人生を懸けて面接を受けに行ったところ、第一志望の会社に採用していただけることになりました。

この会社は、首都圏の1棟収益物件の仕入れ&売却&売却後の管理といった仕事をしていました。**僕はこの会社で、1年目は不動産仕入れ営業、2〜3年目は仕入れ営業&売却営業、3年目は仕入れ営業&売却営業&管理スタッフを担当しました。**

業務内容はざっくりとこんな感じでした。

①とにかく安く買うために営業をしまくる
②物件を契約（買わせてもらう約束）してもらう（これが本当に難しい〈笑〉）
③（社長や経理が）銀行に物件を持ち込み、融資を付けてきて、とうとう決済（購入）
④リフォームや空室改善をして、できる限り短期間で商品にする

⑤商品にできた段階で買ってくれる人（投資家）を探す
⑥自社の力で売れなければ売ることを得意とする仲介会社さんに任せる
⑦売れたら管理を任せていただく
⑧管理をしながら投資家さんとのコミュニケーションを綿密に取り、購入や売却ニーズをもとにさらに物件の売買に協力する

結果として、この流れのすべてに携わらせてもらうことができ、これが「不動産投資家」としての自分の基礎を作ってくれました。

ここで学んだ一番大きなことは、常に①の「営業」が大事だということでした。

なぜ営業が大事なのか？

「不動産は仕入れが9割」。

すべては仕入れ時の目利き・判断で決まるからです。

その後でどんなに良い条件で融資を付けようが、どんなにうまくリフォームしようが、

不動産は仕入れがすべて！
購入の時点で成否の９割が決まる

どんなに良い条件で融資を付けようが、
どんなにうまくリフォームしようが、
どんなに早く入居者を見つけようが、
どんなに早く買ってくれる人を見つけようが、
仕入れがダメなら利益は限定されてしまう

どんなに早く買ってくれる人を見つけようが、仕入れがダメなら、利益は限定されます。

反対に、仕入れさえうまくいけば、儲けはその分、増えるのです。


営業の基本は電話です。僕の経験談ですが、初期の頃は不動産会社の電話リストを見ながら、「こういう売り物件はありませんか?」「こういうお客様がいるのですが、条件の合う物件はありませんか?」という問い合わせを1日に300〜500本、それを週4日ペースでやっていました。

500本かける中で1本でもお取引につながればラッキーです。

僕はこの時、1本電話をかけるたびに目の前に5000円が積まれていって、「良い物件ありますよ」という相手につながったら、それがドカンと自分のところになだれ込んでくるとイメージしながら働いていました。

500本×5000円だと250万円です。一つ取引が決まれば、それ以上の利益が得られることが多かったので、大げさな話ではありません。

お取引の回数が増えると、次第に先方から物件情報をいただけるようになります。電話修業時代は永遠に続くわけではないので、安心してください。

不動産を売るには2パターンがあります。

儲かるかどうか分からない物件を仕入れて100人の見込み客に営業し、買ってくれそうな1人を見つけてなんとかして売る方法と、最初に100人に買いの営業をして儲かる物件を仕入れて、すんなりと売る方法です。

僕が最初に入った会社で学んだのは、後者のやり方でした。

この会社で学んだ〝買いの営業〟の大切さとスキルは、僕の一生の大きな財産となりました。

入り口を頑張ると売却も楽になる

営業&仕入れができると、良い物件を商品として持つことができます。

良い物件の条件とは、「立地が良い、内装や設備が需要に合っている、家賃が適正もしくは割安、共用部がキレイである」だと考えています。

逆に、そうでない物件は賃貸付けも苦戦しますし、売る時も時間がかかります。

良い物件は、努力をしなくてもすぐに入居者が決まり、満室になりますし、売る時にも売りやすいのです。さらには多少高くても、皆が欲しがるのです。

つまり、**入り口を頑張ると、出口がとてもラクになる**ということです。


売却の営業も経験しました。

「営業」と書きましたが、**良い物件は営業の必要がない**ことも知りました。

投資家向けポータルサイトに掲載するだけで、「買わせてください！」と投資家さんから次々と連絡が入るのです。

物件のアピールポイントはポータルサイトに記載しましたが、自分の口から買ってもらうための営業はしませんでした（値付けを間違えたとも言えるかもしれませんが、目標の利益は確保していたので目的は果たしていました）。

やっぱりここでも、「仕入れが大事」であると実感しました。

売却で「売れるライン」が分かると仕入れ値が決まる

物件の売却は、何度やっても本当に面白いです。

僕が不動産会社を辞めて、セミリタイアしてもなお、こんなに不動産が面白いと思っている理由は、「売却」にあります。

何が面白いのか。

物件をポータルサイトに掲載していると、「反響が来る一点」があります。

例えば最初、5000万円、利回り7%で掲載していた物件があったとします。その価格で売れなければ、何かの付加価値をつけるか、金額を下げるかします。

例えば5000万円（利回り7%）で反響がなかったので徐々に下げていき、4400万円までは反響がなかったのに、30万円下げた4370万円で、急に反響が続くという現象が生じたりします。

ここで何が起きたのかというと、4370万円というのは利回りが8%になるラインなのです。この物件は、7%や7・5%の利回りでは投資家は反応しないが、8%だと反応があるということが分かります。

投資物件の面白いところは、土地値や積算や売値等よりも、一定の利回りが基準になっており、どこかのラインを超えると複数の方が興味を示すということです。

そのラインが分かれば、それよりいくら安く仕入れる必要があるかも明確になります。

そして、仕入れをクリアできれば、売却もスムーズにいくという流れができるわけです。

収益物件の営業はシンプルで、この「反響が鳴る」一点を心得ていればよいのです。

逆に、反響が鳴る手前で（高く）売るということは通常、「タマゴ投資家やヒヨコ投資家」に売りつけることを意味します。「押し売り」をすれば、リピーターにはなってもらえませんが、そういうやり方をする営業マンが業界に存在することも事実です。

営業が売り上げに直結する

良い物件を仕入れるために欠かせなかったのが「営業」でした。

営業というとモノを売ることをイメージする方が多いと思いますが、良い商品を売っていただく「仕入れの営業」も、立派な営業です。

業者時代に、士業の方や地場の不動産業者さんなどから物件を仕入れていましたが、「また物件を買わせてほしい」「この人と長くお付き合いしたい」という方が何人かいました。

良い物件を買うためにに行動していたこと

①素早いレスポンスを心がける
②狙った不動産会社にマメに訪問したり、電話したりする
③任意売却案件に強い弁護士さんや仲介さんを探す
④自分に売ることで相手にメリットがあると感じさせる

一番大事なのは④！

彼らに「次に良い物件が出たら、あの人に紹介しよう」と思ってもらうにはどうしたらいいのかとよく考えました。**一緒にお酒を飲むことを中心に（笑）、レスポンスを早くする、買わせてもらった後の報告を忘れない、態度や言葉遣いなどにも気を付けました。**

その甲斐あって、物件情報を優先的に回してくれる人が徐々に増えていきました。

不動産そのものよりも、儲かる不動産を売ってくれる人を探すことこそ、このビジネスのキモであると、この時に学びました。

マイホームと違い、収益物件はその後も何度も買ったり売ったりすることになります。自分のお得意様を見つけることや、自分が誰かのお得意様にならせていただくことが、そのまま成果につながっていきます。

POINT

物件の情報は突然わいてくるのではなく、人を通じてやってくる
不動産は仕入れが９割

STEP3 500万円以下の買い取りから1年で億単位の利益を稼ぐまで

27歳で独立。もっと家賃を増やしておくべきだった

宅建業者がどんな仕事か、理解していただけたでしょうか？

ここからは僕が不動産業者になって、どのように資産を増やしていったかを紹介します。

僕は７００万円ほどの現金を持って、27歳の時に独立をしました。

宅建業者になるための軍資金として約２００万円を使ったので、残りの５００万円で家計とビジネスをやりくりする必要がありました。つまり、効率良く稼がないといけません。

実は皆さんには月に50万円のキャッシュフローを作ってから独立することを勧めているのに、自分が独立した時のキャッシュフローは月に3万円しかありませんでした。

こんな状態だったので、独立したばかりの頃は常にプレッシャーを抱えていました（この時の教訓から、皆さんには早い段階で不動産投資を始めて家賃収入を得ておくことを推奨しています）。

独立後も宅建業者として利益は出していましたが、売り上げには波があるため、その収入がメインの時は常に緊張感がありました。

そして31歳の時にキャッシュで北関東の高利回りアパートを複数購入し、生活に困らない資金をそこから得られるようになりました。

「この家賃だけで、十分に家族で生活していける」という状態を築けた時の安心感は素晴らしいものでした。

最初は500万円以下の物件の買取再販

宅建業で独立した時の話に戻します。

まず始めたのは、「買取再販」の仕事です。

相変わらずリスクを取りたくない僕は、ここでも小さな物件から始めました。

最初に買ったのは200万円の区分マンション。これが390万円で売れました。

その後も、100万~300万円くらいでひたすら区分マンションを買っては売りを繰り返し、仕入れた金額の倍くらいの利益（200万~300万円くらいですが）を得ては、また繰り返すということをしていました。


小さい金額に見えますが、僕にとっては大きな利益でした。

仲介の仕事ですと、5000万円の物件を両手仲介（一つの物件の不動産売買取引で、不動産会社が売主と買主双方の仲介をし、両方から仲介手数料をもらうこと）して入るお金が約340万円です。

それが買取再販なら300万円で物件を仕入れて、200万~300万円の利益をコンスタントに上げることができました。

売買の回数を増やす必要がありますが、利益率は相当です。

①少額の物件で、転売できるものはすべて買う
②買っては売りを繰り返し、1案件あたり300万円以上の利益を出す
③これをずっと繰り返す

僕はこのやり方で、700万円の元手資金を増やしていきました。

大手の不動産会社は売り上げを求めて金額の大きい物件を扱いたがります。

僕は売り上げより利益が欲しかったので、小さな物件でも利益が出るものはどんどん買って、どんどん売りました。

お金持ちを目指す人は、階段を2段抜き、3段抜きするような効率の良い仕事を求めますが、僕の場合は、階段を一つも飛ばさず、でも全速力で駆け上がっていくピッチ走法のようなイメージでした。

そうやって、売買の数を増やすことで利益を積み上げました。

宅建業者になったばかりの頃、資金を増やすためにやっていたこと

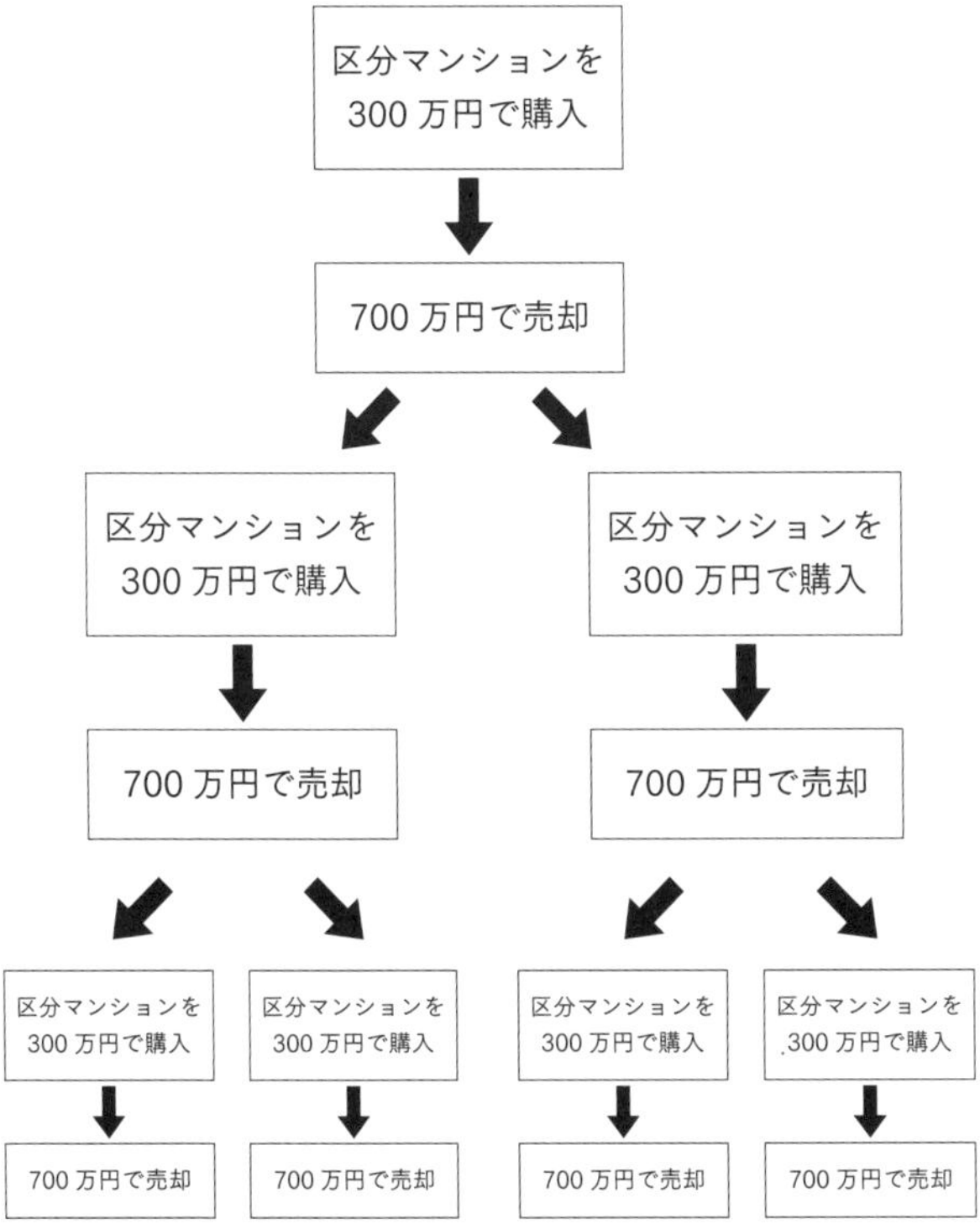

① 少額の物件で、転売できるものはすべて買う
② 買っては売りを繰り返し、
1案件あたり３００万円以上の利益を出す
③ ①と②をずっと繰り返す

当時、僕の周りには1000万〜2000万円の物件を取得し、リノベーション工事（キレイにリフォームをして売り出すこと）をして、利益を300万〜400万円くらい乗せて売却している業者さんが多かったです。

僕はたまたま資金が少なく、リスクに対してかなり過敏だったこともあり、500万円以下の物件ばかりを手掛けていました。

この時、宅建業者として融資を使い、物件を仕入れることはしませんでした。融資を申し込むにはいろいろと資料を揃える必要がありますし、時間もかかります。

当時、営業に忙しかった僕にはそのための十分な時間がなかったのです。

幸い、こうして自分なりの商売を続けているうちに、金融機関さんや第三者機関さんからも、「粗利益率の高さ」を評価していただくことが増え、事業としての足元も固まっていきました。

5000万円以上の収益物件の仲介

少額物件の買取再販と同じく、最初から始めたのが不動産仲介です。

サラリーマンが買うマイホームの仲介ではありません。業者や投資家たちが火花を散らす1棟物の不動産の仲介です。

ここでは、**最低でも5000万円以上の物件の仲介**に取り組みました。

自分でも欲しいと思える物件はたくさんありましたが、当時は現金も与信も少なかったため、お金を持っていて決断の早い投資家さんや業者さんに買っていただき、仲介手数料を得ていました。

5000万円以上の物件と決めていた理由は、仕事の単価を上げるためです。

5000万円の物件を扱うと、買主のサポートだけで税込み170万円超の仲介手数料をいただけます。もし売主側のサポートもすれば（業界では両手仲介といいます）、その倍の税込み340万円超の利益を手にすることができるのです。

1億円の物件を一人ですべてまとめた場合、600万円超の収入。3億円の物件をまとめると、1800万円超のお金が入ります。元手はかかりません。

500万円以下の「明らかに安い物件」は、買取再販もしていましたが、独立してから

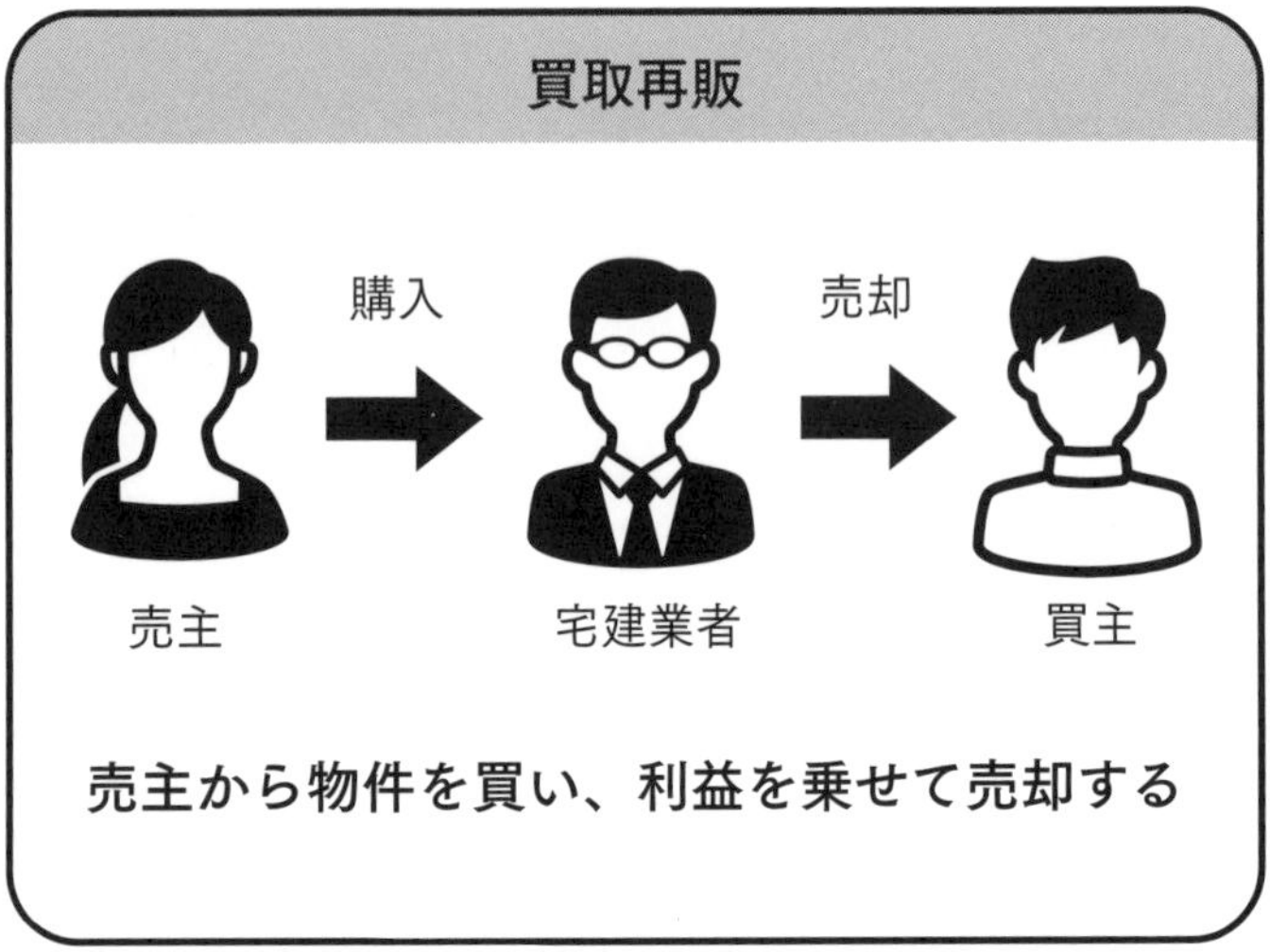
買取再販
購入
売却
売主
宅建業者
買主
売主から物件を買い、利益を乗せて売却する

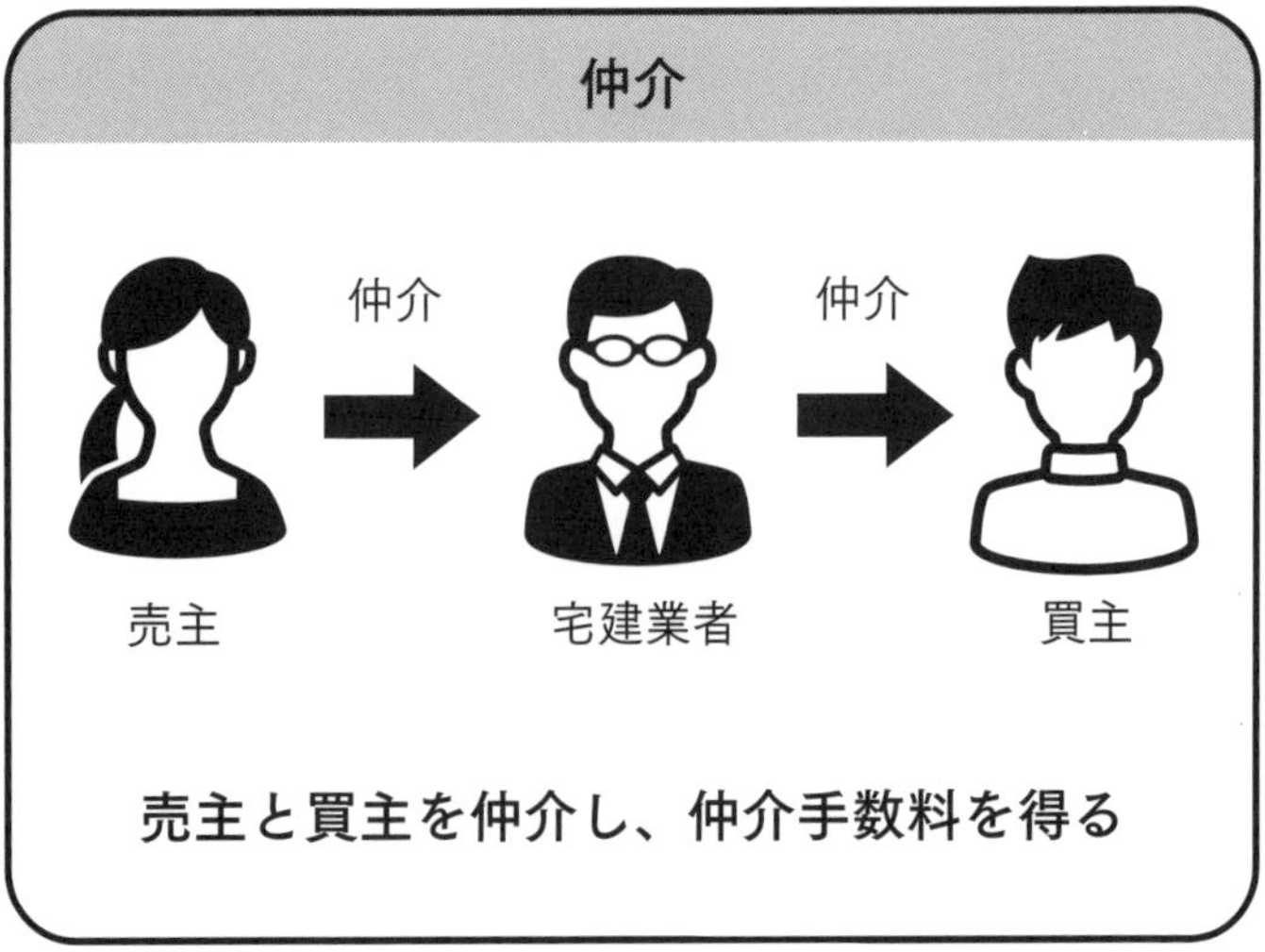
仲介
仲介
仲介
売主
宅建業者
買主
売主と買主を仲介し、仲介手数料を得る

最初の頃の利益を見ると、仲介業がその大部分を占めていました。**1億円超の仲介手数料を得るのに、それほど時間はかかりませんでした**。きっと、他の金融商品ではできなかったと思います。

仲介事業を減らして、買取再販を中心に

初期の頃にメインの仕事だった5000万円以上の収益物件の仲介は、今はあまり扱っていません。**ここ最近の中心は、2000万円以下の物件の買取再販です**。

理由は、自分の強みを発揮しやすいからです。具体的には、自分よりも早く判断し、買い切れるライバルが少ないため、利益を得やすいのです。

また、仲介案件は物件の所有者様を訪問して商談させていただくなど、泥くさいやり取りが欠かせません。元手はいらないものの、営業力とある程度の時間が必要な仕事です。

一方、買取再販は主に仲介業者さんや士業（弁護士、税理士、司法書士など）の方からの紹介物件を購入させていただくことが多く、後は値段を決めて売却するだけというシンプルな形です。

つまり、**時間効率が非常に良いのが買取再販の特徴**です。

この買取再販では、過去、それから現在に至るまで様々な価格帯に取り組みましたが、**最も利益率が高いのは、1000万円以下で仕入れた物件**でした。

そのため、僕は今でも1000万円以下の物件メインで戦っています。

ここを選ぶのは、「自分が強者でいられる」場所だからです。

これが10億円以上の市場ですと、強敵揃いで僕は弱者の立場になります。

一方、1000万円以下の市場なら、現金で何件でもすぐに買い付けを入れられますし、**もし失敗しても今の自分にとっては致命傷にはならないため、安心して戦えます**。

リスクを取りたくない僕は、今のやり方をこの先も続けていくつもりです。

POINT

時間効率が非常に良いのが買取再販の特徴
「自分が強者でいられる」場所を見つけ、〝安心できる範囲〟で戦う

宅建業者としての著者の稼ぎ方

初期

①元手700万円で少額物件の
買取再販を開始

↓

一度の取引で300万円以上の
利益を出す

②5000万円以上の
収益物件の仲介を広げる

↓

主な顧客はリピーターの
不動産投資家さんたち

現在

①2000万円以下の物件の買取再販
中でも1000万円以下の物件が多い

↓

一度の取引で
300 万円以上の
利益を出す

POINT

買取再販のほうが時間効率がいいため、買取再販がメインに！
少額物件を多く扱うのは「強者」として勝負するため

STEP4
長く稼げる宅建業者になる

自分のビジネスは絶対に潰さない

宅建業者にも、社員を何人も雇って大きく展開しているところもあれば、社長一人、もしくは家族経営という会社もあります。**FIREしたい皆さんにお勧めするのは、家族以外の社員を雇わない「一人社長」のスタイル**です。**僕は宅建業者として、年間で億単位の利益を得ていますが、社員はほぼ自分一人みたいなもの**です。以前、管理会社を経営していた頃、社員さんの手を借りながら仕事を回していました。しかし、今の会社では家族以外の社員はいません。

理由はいくつかあります。

①不動産業では5人以下の会社、特に家族経営の会社ほど、利益率が高くなるから

売り上げ増加=人員増加と考え、とにかく人員を増やすことに注力した時期がありました。

ところがある時、**実は不動産業では少人数の会社のほうが、スタッフ一人当たりの利益率も額も大きい**ということを知りました。

考えてみれば、日本に存在する不動産会社の7割以上が5人以下の会社です。この7割の会社すべてが売り上げを伸ばすのを諦めているとは到底思えません。

②人件費と固定費ほど、怖いものはないから

多くの経営者は売り上げが伸びている時、人を雇ったり、給料を上げたりして、人件費や固定費を増やします。事務所を増床したり、場合によっては良い場所に出店したりすることもあります。

もちろん、これがビジネスを後押しすることもあります。しかし、商売の勢いが止まれ

ば、人件費と固定費は大きな重荷になります。つまり、リスクです。

僕にとって、ビジネスとは、「自分と、自身の身の回りの人が良い暮らしをするためのものです。

身の回りの人とは、僕の家族であり、社員がいれば社員であり、懇意のお客様であり、新規のお客様であり、懇意先の企業や協力会社があればそこの方たちです。

この「大事な人たち」を困らせないために、**何があっても自分のビジネスを潰さない**と決めています。

そのために大切なことは、「固定費を最小にする」ことです。

日本の不動産価格は、第一次アベノミクスの頃から、長く右肩上がりを続けています。

しかし、**ずっと右肩上がりの相場は世の中に存在しません**。

経済の好況、不況には波があります。いわゆる景気循環の波を見ると、短いところから、キチンの波、ジュグラーの波、クズネッツの波、コンドラチェフの波と、複数の波が重なって進んでいます。

これらの波動が重なった時、景気が一気に後退するという説があります（この説を採用するかしないかは各自にお任せします）。

僕自身はバブル崩壊を経験していないので、景気後退の怖さを本当の意味で知っているわけではありません。しかし、昔いた金融業界、それから不動産業界の先輩方から、恐ろしい話をたくさん聞きました。

イメージできない方は、「コロナ禍」を思い出してみてください。あの時、旅行産業や外食産業はどんなに努力しても、相当なダメージを受けたはずです。

予想もできないような外部要因が発生し、積み上げてきたものを一瞬で失うことがある。だからこそ、僕は**「常に最悪のシナリオに備える」という意識**で不動産に関わっています。

僕の会社の社員は、僕と妻の2人だけです。会社の業績が落ちたら、申し訳ないですが事務仕事を手伝ってもらっている妻の給与はすべてカットです。僕ももちろんカットです。

この2人の給与をカットすれば、僕の会社の固定費は月に10万円を切ります。

さすがに、これすら払えなかったらその時は終わりですが、この最低限の固定費でいえ

景気循環の４つの波

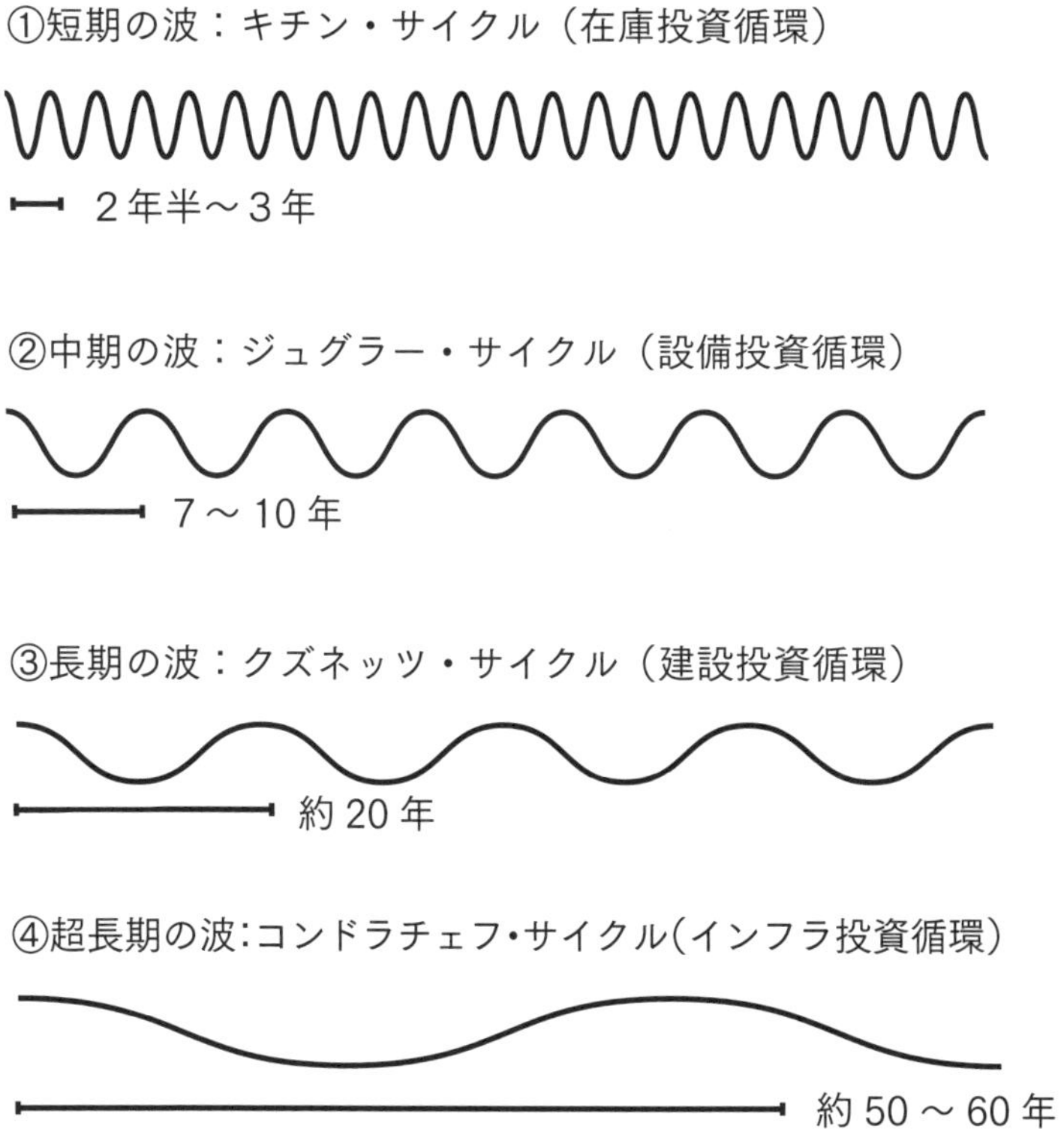

景気は常に変化している
右肩上がりが永遠に続くマーケットは
ありえない！

ば100年分以上の貯金があるので、そうなる可能性は低いと思います。

不動産会社の一人社長としてのメイン業務

一人社長としてのメイン業務はお金の振り込み作業と商品作りです。

僕はほぼ一人社長ではありますが、厳密にいうとオンライン事務アシスタント2名の方にお世話になっています。

その方々には、10万円ほど常時動かしていただけるお金を用意しているだけで、それ以上の金額はすべて自分で振り込んでいます。

振り込み作業は、誰にでもできる仕事です。そんな簡単な仕事を自分のメイン業務としているのは、一言で言うと「横領対策」です。この手の話は、実は非常に多いのです。

スタッフに横領されるとしたら、それを可能にできる体制にした社長の責任だと僕は思います。

もう一つの重要な仕事である「商品作り」も自分で行います。**商品作りとは、「物件仕**

入れ」、つまり物件を買うこと、それだけです。

ここはこの商売のキモとなるところで、雇用をすればおのずと人件費は高くなります。

しかし、現在も一人で億単位の利益がありますので、雇用の予定はありません。

「商品を売ってくる人」も、今は雇わない選択をしています。

仲介手数料を支払えば、広告に多額の費用をかけている、いわゆる大手仲介会社の方に売却を依頼できるからです。

僕には、大手仲介会社さんの販売網や信用はありません。

商品を売ってくる人を雇うよりも、自分で売るよりも、大手仲介会社さんに手数料をお支払いして、（その会社の商品のような扱いで）売却してもらうほうが効果が高いと感じています。

まとめると、僕は物件仕入れと10万円以上の振り込み以外の仕事は、極力時間をかけないようにしています。週休5日の生活を続けられるのは、この仕事のルールを常に意識しているからです。

予実管理ができない経営者になるな

物件の運営は順調なのに、資金繰りに行き詰まってしまう経営者や大家さんがいます。予実管理ができていないためです。

予実管理とは、事前に設定された予算計画と実際に達成された成果を比較検証し、生じたギャップの要因を明らかにして、継続的な改善策を講じるための手法です。

大家業は家賃収入があり魅力的な仕事ですが、一方で、出ていくお金も非常に多いという特徴もあります。

物件購入・売却時以外で出ていくお金ですと、例えば、

・不動産取得税
・火災保険料、地震保険料
・固定資産税、都市計画税

・法人と個人の決算期の納税や、その他の中間納税など

これらは例外を除き、万人に訪れるものです。

そして、物件の管理委託をされていれば管理手数料、借り入れをしていれば毎月の返済、それから突発的な修繕や居住者の退去に伴う出費もあります。

大家業は借金をするわりに、それほど大きく儲かるビジネスではありません（だから私は、宅建業も組み合わせています）。

それでも始める人が多いのは、安定的な収入が見込めることや、手間がかからないという魅力があるからです。

ところが、**余実管理に取り組まないでいると、資金繰りに行き詰まり、大きなストレスを抱えることもありえます。**

残せたはずのお金が出ていって、後で後悔するというケースもよくあります。

税金を知る者は、自分の財布をコントロールできると僕は思っています。

課税のタイミング	税金の種類	税金の金額
不動産取得時	登録免許税	固定資産税評価額×税率
	印紙税	不動産の購入金額に応じて
	不動産 取得税	固定資産税評価額×3%
不動産運用時	所得税等	所得額に応じて
	住民税	課税所得×10%
	固定資産税	固定資産税評価額×1.4%
	都市計画税	固定資産税評価額×0.3%
不動産売却時	所得税等	5年以下：課税所得×30.63% 5年超：課税所得×15.315% ※特例による軽減税率除く
	住民税	5年以下：課税所得×9% 5年超：課税所得×5%
	印紙税	不動産の売却金額に応じて

※5年以下・超は、売却年の1月1日で判断する。

「いくら稼いだら、いくら税金を払うのか」

これを知っているか否かで、手元に残る現金が変わると断言できます。

例えば、僕は修繕は「儲かっている期にやる」と決めています。これが一番の税金対策だからです。**経営セーフティ共済や保険を、効果的な場面で使うこと**も重要です。

儲かりすぎて税率が変わりそうな場面で、「どれだけの費用を計上できるか」、そこを常に意識しています。

すべては、知っているか否か。そして、準備ができているか否かです（この本では税金について詳しく述べませんが、深掘りすると価値のある勉強になると思います）。

不動産投資を始めると買うことばかりに意識がいきがちですが、**投資初期の頃は特に、運用中にかかるお金について計画的に準備をしておくことが大切**です。

突発的な事故は仕方ないとしても（それも保険や保証会社を使うことでカバーできます）、税金の知識が足りず、右往左往することがないようにしてください。

経営者としてのこのような弱さは、金融機関や関係業者からも見られているものです。

長く活躍するカギは「全員が納得できる金額」を探ること

宅建業者として長く稼ぎ続けるために、大切なことは何でしょうか？

僕はそれについて考える時、日本が誇る経営者である、稲盛和夫氏（故人）の言葉、**「値決めは経営」**を思い出します。

自分の利益だけを追求してもダメ、相手にばかり儲けさせてもダメ、では、全員で利益を折半したらいいのか？　それも違います。

僕の考える値決めの正解は、「全員が納得できる金額」です。

自分がどれだけ儲かるか、相手がどれだけ儲かるかではなく、相手が納得できる金額か、そして自分も納得できる金額か、です。

実態は違ったとしても、「あの人ばかりいい思いをしている」と思われるのも危険です。

世の中で求められているのは、正論でも、既定利益でもなく、納得感なのだと思います。

業界から消えていった人に足りなかったもの

僕が独立した当初、勢いのあった不動産業者で、今は行方知れずという人たちがいます。自分が儲かれば、お客さんが破産してもいい、売った後は知らない、そんな人たちでした。一時期、この業界にはそういう人たちが増えました。

業者だけではない、投資家も同じです。まさに、２０１８年のスルガショック（スルガ銀行不正融資問題）前夜の頃でした。

不動産は、**相手の損が自分の得になる商品だと、強く思っています。**

きっと皆さんも、不動産業界に入ってから何度も、この人に損をさせれば自分が儲かるな、と感じる場面に出会うと思います。

ビジネスですから、大前提として自分がまず利益を得るべきです。

ただ、先ほど書いたように、**全員にとって「納得感のある一点」を探ることを忘れないでほしいと思います。それをマイルールにすることで、良い取引にしていけます。**

消えていった彼らは、〝自分だけが取りすぎてしまった結果〟なのだと思います。

値決めは経営（稲盛和夫氏の言葉）

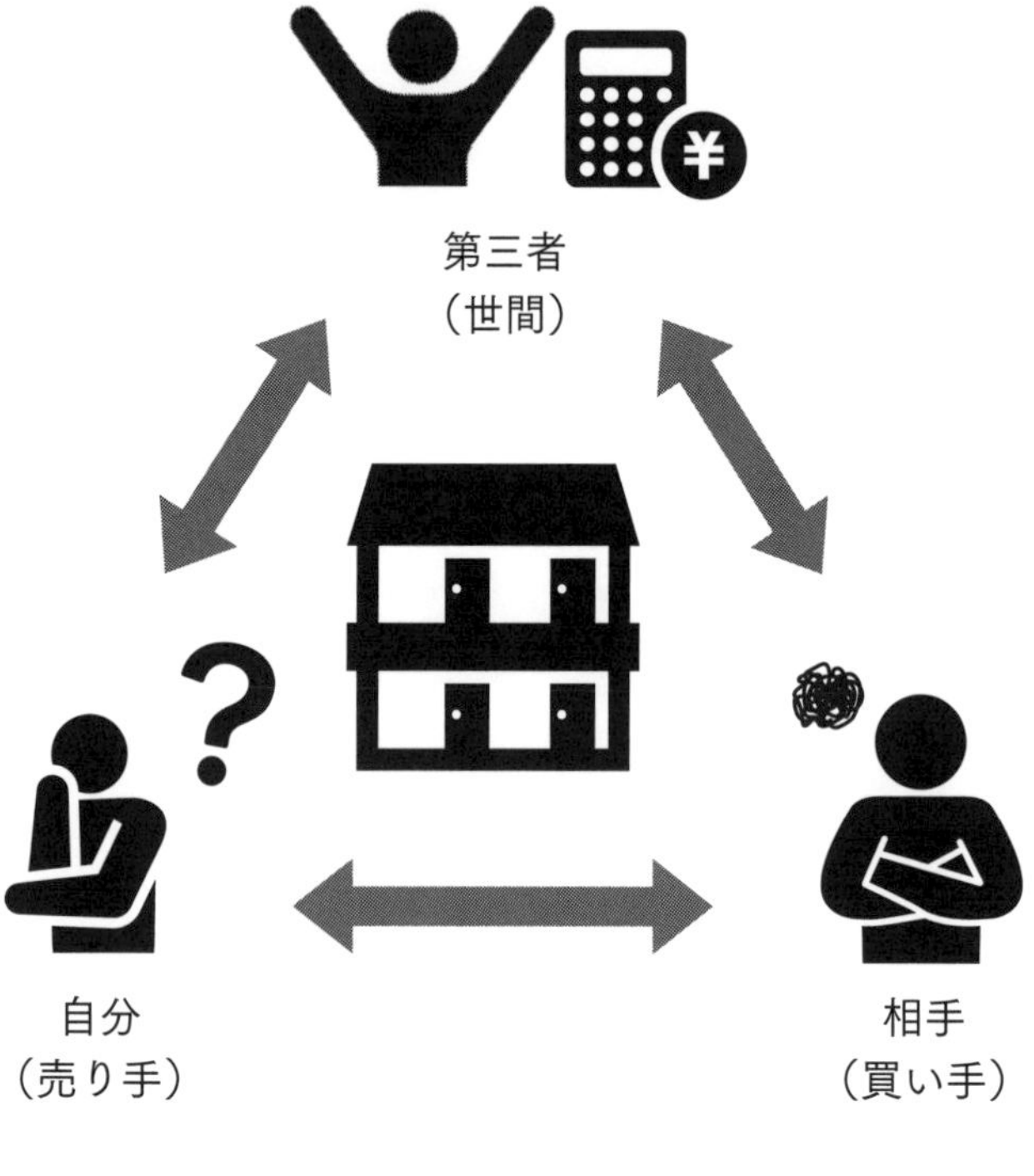

全員が納得できる金額か？
実態は違ったとしても、
「あの人ばかりいい思いをしている」と
思われるのはマイナス

読者の皆さんや僕の仲間がこれから業者になるなら、「共栄」を目指していただきたいです。

僕たちは、お金をコントロールしなければなりません（お金にコントロールされるのではなく）。

「値決めは経営」。ここを意識して生きるのは、永続企業になるための使命だと考えています。

POINT

外部の力をうまく借りながら一人社長として負けない会社を作ろう
関係者の「納得感のある一点」を探ることがカギ

自分の腕一本で稼げるスキルが何よりの財産

社会人になって分かったのは、財産とは、お金だけではないということです。

この腕一つで稼いでみせる。

この気概こそが財産だと思います。

もちろん、気概だけでは食べていけません。しかし、自分のビジネスで家族を養うだけの収入を得ていくのには、気概は不可欠です。

この本では不動産投資にかけ合わせる仕事として宅建業者を推奨していますが、それに限らず、**「自分はこの分野で稼いでいく」と覚悟を持てる何かがあるなら、それを突き詰めていけば良い**と思います。

僕の周りにも、サラリーマン時代に身に付けた様々なスキルを生かして、セミリタイア後も効率良く利益を上げている人たちが何人もいます。

例えば、ＩＴエンジニアだったり貿易業だったり、士業だったり、職種は様々です。

彼らも会社を辞める前に不動産投資を始めています。

初めての起業でおそるおそるだったのに、今では堂々として、サラリーマン時代よりずっと多く稼いでいる様子です。

「今の時点でお金が一生分あるから、わざわざ他のビジネスをするつもりはないよ」という方がいるかもしれません。

しかし、皆さんに仕事をすることを勧めるのは、お金のためだけではないのです（もちろんそれがメインですが）。

不動産投資というのは装置産業です。もしも自身がポンコツでも、物件さえ良くて、賃貸業者さんが入居者さんをつけてくれれば、何とかなってしまいます。

しかし、このビジネスとしての最高の特徴が、「一人の人間の成長」という意味で、マイナスに働くことがある危険性に、多くの不動産投資家の方は気づいていない気がします。

せっかくの能力も使わないと錆び付いてしまう

僕が出会った大家さんの中には、身なりも気にせず、やる気もないような、魂が抜けたような人たちが少なからずいました。

コミュニケーション能力が下がり、新しい体験をしていないせいか、いつも同じ昔話やテレビで見たような話しかできないような人もいました。

それで幸せなら他人がどうこう言うのは大きなお世話なのですが、残念なことに、周りから尊敬されるどころか避けられているような人や、お金はあっても家庭がうまくいっていない人もいました。

どんな能力も、使わなければ錆び付き、衰えてしまうのだと思います。

人は、お金がいくらあっても、それが減り続けていく恐怖には耐えられないといいます。

これは、ビジネスの能力も同じだと思います。

自分の力が落ちていくのは、非常に怖いことです。しかも30代や40代で。

どんな分野でもいいので、「全財産を失っても、この腕一つで成り上がってやる」と言える何かを持つ人は、強いです。

自分のビジネスを持ちましょう。

家賃収入と自分のビジネスをかけ合わせれば、人生がとても面白くなると思います。

第4章

転落ルート回避! やってはいけない ご法度投資10連発

僕は過去に、投資で失敗して悲しい結末を迎えてしまった人を見ました。
だから、読者の皆さんには絶対にしてほしくないと強く思っています。
本章では、実例を引きながら陥りがちな失敗投資を列挙し、
皆さんに注意喚起をします。安全な手法で富を築きましょう！

気をつけろ！人生が詰む不動産投資の大失敗

①プロは0円でも買わない地方の狭小中古区分マンション

少額からスタートしようとすると、地方の中古区分が目に入る機会が増えると思います。

しかし、地方の中古区分マンションは、場所によっては賃貸でも売買でも需要が弱く、相当厳しくなっています。

特に狭い部屋はどう工夫しても家賃を上げることが難しく、エアコンが壊れただけで1年の利益が吹き飛ぶような物件も多く売られています。

僕はこの本の中で**「安く買うこと」を繰り返し言っていますが、安く買えれば何でもいいわけではありません。**

安物買いの銭失いにならないように、慎重に検討してください。

実例を紹介します。

ある時、次のような物件を「タダで引き取ってくれませんか？」とお願いされました。

・北関東に所在する区分マンション
・専有面積約15㎡
・月々の管理修繕積立金の合計が1・5万円
・築35年

僕は、この物件情報をもらった時に、頭の中で賃貸物件にした時のイメージを思い描き、すぐに下記のようなジャッジをしました。

・家賃想定額は、おそらく2万円前後
・駐車場がないと貸しづらいエリアだからそれでも厳しいかも

家賃2万円の場合、管理費・修繕積立金の計1・5万円を引くと月の手残りは5000

円で年間収入は6万円。固定資産税等や火災保険料を支払えば、おそらく手残りはないでしょう。さらに1カ月でも空きになれば月に1・5万円が出ていきます。

正直に、「無料でも厳しいです」とお伝えしました。不動産屋さんも、「まあ、そうですよね」といった反応でした。

ところが後日、その業者さんから、あの物件が売れたという話を聞きました。

僕が断った後で、「不動産投資を始めたい」と連絡をしてきた方がいたので、その物件を紹介して、「いくらなら買いますか？」と聞いたそうです。

すると、「150万円」という返事が来たので、その業者さんは新中間省略登記の取引形式（通称：サンタメ取引）でその方に150万円で売却したのだそうです。

分かりやすく言うと、その物件を1円で業者さんが購入し、そのまま費用をかけずに150万円もらって買主さんに登記移転したということです。丸儲けです。

「さすがにかわいそうですよ」とだけ言いましたが、とても暗い気持ちになりました。

利回りの高い物件を探していると出会いがち
初心者にはハードルが高い
「落とし穴物件」に要注意！

●地方の狭小中古区分マンション

家賃から管理費と修繕費を引いたら、ほとんど儲からないことも……

●市街化調整区域の建物

建て替えが難しい上に、「住む人」まで限定されることも……

●擁壁の上に建つ物件

修繕工事が発生すると、莫大なお金がかかる可能性も……

●傾きのある物件

地盤沈下が原因だと、年々傾きがひどくなる可能性も……

●危険区域や警戒区域にある物件

天災が増えている昨今、エリアの選定は慎重に……

●微妙な立地の店舗や事務所

入居付けも入居者対応もアパートや戸建てより難易度が高め……

●築古一棟RCマンション

修繕費を吐き出し続ける金食い虫になる危険性が……

②買っても貸せない？　要注意エリア

最近はボロ戸建て投資が流行っていることもあり、「安ければ何とかなる！」という感じで、基本的な知識もなく不動産を買っている方が散見されます。

中でも心配なのは、「市街化調整区域」です。他の用途の土地と同様に使えることもありますが、「出身者要件」というものを要する、住む人を限定する調整区域もあります。

僕自身は、このような物件は0円を提示されても検討外としたものが多いです。

厳密に言うと購入した経験もありますが、それは業者さんが売れずに困っているものを引き取り、もっと良い別の物件を紹介してもらうという「営業」の一環として、です。

この話題だけで小さな本が書けるレベルですので、ここでは割愛しますが、不動産知識が追いついていない方は、気を付けてください。

擁壁、傾き、警戒／危険区域についても同様です。

③店舗・事務所はよほどの好立地以外はリスクが高い

店舗、事務所については、かなり場所が良い場合は別として、未経験者が参入してもかなり苦戦するケースが多いと感じます。

僕自身も店舗、事務所は買ってもすぐに不動産業者さんに売ってしまいます（不動産業者さんに売るのは、「プロ」だからです。相手がプロならその後のことも安心ですし、責任を感じることもありません）。

今後、市況によっては持つかもしれませんが、都心の駅徒歩5分以内に限定します。そのくらい、店舗の運営というのは簡単ではありません。

店舗を買って居宅にコンバージョンするという手もありますが、登記の変更が必要であったり、窓先空地の問題があったりと、やや専門的な知見が必要になります。

迷ったら、やらないことをお勧めします。

④金食い虫の築古RC造物件に要注意

1棟RC造のメリットは、融資での拡大がしやすいことにあります。理由は、RC造の建物は積算価格が高い傾向にあるため、物件の積算価格がのびやすい傾向にあることです。

そして、僕自身は、**RC造に投資するメリットは、「融資拡大がしやすい」この一点だけ**だと考えています。

逆に、デメリットのほうが多いと、サラリーマン時代に、それから独立して管理会社を経営してからもなお、思うようになりました。

それを裏付けるような話です。

管理会社を経営していた頃、ゾッとした経験が何度かありました。中でも一つあげるようにと言われたら、真っ先に思いつくものがあります。

それは、**ずっと修繕費を垂れ流す「築古のRC造物件」**です。

初心者が手を出し、大変な目に遭うのを何度も見ました。とにかくお金が出ていくのです。

代表的な築古RC造物件のリスクは、次の4点だと思います。

①水道配管に不具合が発生した場合、コンクリートをはつって対応することになる
②①が完了しても、あくまで暫定対応。モグラ叩きのようにトラブルが続くことが多い
③屋上防水やその他の手入れができていない物件が多い。そこから派生するトラブルやリスクが常にある
④アスベスト（石綿）の存在（大規模工事や解体の時は莫大な費用がかかる）

それぞれの対処法を記載します。

①は、露出配管の建物を買うことや、竣工図面一式がしっかり整っている物件を買うことでリスクや突発経費を抑えることができます。
②これは防ぎようがありません。
③お金で解決するしかありません（安く買って自分で直すか、すでに手入れの行き届いている業者売主物件を買うか。ただし後者は金銭的な旨味は少ないと思います）。
④は次の3点がポイントです。
・アスベスト含有の調査済み物件を購入する

・アスベスト含有率が5％未満とされる1995〜97年以降の物件を購入する
・2006〜07年以降のアスベスト含有を一切禁止された時代の物件を購入する

このように、対処法はないわけではありません。

しかし、僕自身は、**「解体費や土壌改良費、その他の諸経費が出たとしても利益が出そうな首都圏の好立地物件以外の築古RC造物件はやめておこう」**という結論になりました。

厳密に言えば、まったく買わないわけではありません。しかし、長期の保有はしない前提で、という注釈がつきます。

新築RC造に関しては、ものによっては投資に値すると思いますが、こと「首都圏以外」の築古RC造については、リスクが高いと思います。

僕が不動産をやる上で最も避けたいのは、「高層物件の解体」です。

過去に他業者さんが事業で手掛けたのを拝見した時も、バカにならない費用が発生していました。それまでの利益を一気に吐き出し、マイナスになる可能性さえあります。

こうした物件がババ抜きになった時、最後に買うことになるのはたいてい、知識のないサラリーマン大家さんです。

無知で世間知らずのカモに売るしかないのです。規模によっては一発で、致命傷です。

ネガティブなことばかり書いてしまいました。

補足すると、どんな物件でも「リスクを織り込んでも勝算のある価格」で買えば、問題はありませんし、投資のステージによっても選択肢は変わってきます。

上級者の方の中には、あえて地方の築古RC造ばかり買っている人もいるようです。

株式投資の格言で有名な「人の行く裏に道あり花の山」という言葉のように、失敗も成功も、紙一重であり、最終的には持ち主のスキルによると思います。

⑤自分でシミュレーションせず借金をするという愚

不動産投資が自由になるお金と時間を増やすことは事実です。

しかし、何度も言うように、無知な人が簡単に儲かるような世界ではありません。

特に融資に関しては、下手を打つと、命まで持っていかれる可能性があります。

皆さんも、融資を受ける時には、細心の注意をして臨んでください。

その築古ＲＣ物件、大丈夫？

●水道配管のトラブルが発生！

コンクリートをはつる工事が必要になるかも……

●買ってすぐに雨漏り発生！

屋上防水や外壁に適切な修繕が行われていないかも……

●何度直しても雨漏りを繰り返す。
大掛かりな工事が必要！

竣工図面一式が整っていない可能性も……

●建て替えを前提に買ったから大丈夫！

アスベスト（石綿）が含まれていると、大規模工事や解体時に多額の費用がかることに……

↓

高額な解体費がかかる築古ＲＣ物件は
“バババ抜きのババ物件”になりがち
初心者には難易度が高い！

脱落していった多くの大家さんは、安易な考えで融資を受けた方でした。

残念な事例を紹介します。

僕が不動産会社を経営していた頃に出会った、借金をして不動産投資を始めたものの、失敗して自殺した方がいました。

その方はお子さんが2人いる有名企業に勤める30代後半の男性でした。

別の業者から紹介されたという地方の1億円強の中古RC造物件について、セカンドオピニオンのような感じで相談を受けました。

見ると、満室でも月に10万円も残らないという絶対に儲からない物件でした。

「シミュレーションしましたか?」と聞くと、「難しいことは分からないから、買っていいか、ダメかだけ教えて」という返事でした。

私が**「この物件を買ってもお金持ちにはなれません。もし買ったら、ずっと損失を補塡する人生になりますよ」**と伝えると、「じゃあ、やめます」と言って帰って行きました。

当時は某銀行のサラリーマン向け融資がバンバン付いていた頃で、データを偽装する二重売買契約も普通に行われていました。

「自己資金なしで、キャッシュフロー100万円」といったセミナーの内容を鵜呑みにして、安易に借金をするサラリーマンが本当に多くいました。

それから数カ月後、その男性から、「助けてください。もうあなたしか頼れる人がいません」とLINEが来ました。

あの後、**別の業者に勧められて、あの物件を買ってしまったけれど、毎月お金が出ていく一方で、もう持ちこたえられない**という内容でした。

僕は正直に、「助けるのはムリです。手放すには手出しをして損切りをするしかない。それが嫌なら、あなたよりも不動産のことを分からない素人に売りつけるしかありません」と伝えると、「そんなことできません」と、連絡が途絶えました。

それから少し経った頃、その方の奥さんから電話がかかってきました。

「夫は不動産の借金が払えなくなって自殺しました。背景を知りたくて、携帯に番号の残っていた不動産会社に電話しています」ということでした。

お金のために人が死ぬことは情報としては知っていましたが、身近で起きると「不動産

で人って死ぬんだ」と、ショックを受けました。

この男性以外にも2人、同じように地方の大型物件を某銀行のサラリーマン向け融資で買い、自殺した人を知っています。

今でも、亡くなった方たちのことを思い出すと胸が締め付けられます（僕が大家のプーさんとして情報発信を始めた理由はこの方たちの存在が大きいです。不動産投資で不幸になる人を減らしたいという気持ちが活動の根底にあります）。

その人に物件を売った業者は今も営業を続けています。

著名な不動産投資家で、彼らと手を組んで自分の顧客を送り込み、キックバックをもらっている人も見てきました。

でも、**彼らのやっていることは違法ではありません。買う側が勉強していれば、借金のリスクを知っていれば、そんな事件は起きませんでした。**

⑥不動産取得税が払えず差し押さえになったサラリーマン

別の日に、いつもお世話になっている仲介業者さんから、「専業大家さんの破産案件です。買いませんか?」と連絡がありました。

売りに出た背景を聞いてみると、次のような内容で差し押さえになったようでした。

・自己資金がある限りひたすら物件を買っていた様子だったが、不動産取得税が払えなくなり、それで差し押さえを食らった
・銀行の返済も、空室が増えたタイミングで「返済額>家賃収入」となる月が増え、遅れてしまっている。差し押さえの原因は市税の滞納だが、売却のきっかけは銀行からの「売ってほしい」という依頼

この物件は規模がそれほど大きくなかったので、別の物件でキャッシュフローが出ていれば、カバーできる範囲だと思います。しかし、不動産取得税が払えないということは別の物件もマイナスなのかもしれません。

この大家さんが今、どうしているか知りませんが、物件は売られ、借金だけが残った可能性が高いと思います（任意売却で物件を売っても残債がゼロにならなければ、借金と支払い義務は残ります）。

失敗しても、借金がなければ投入した資金を失うだけで済みますが、借金をして返せなくなれば、自宅の差し押さえなど、家族にも迷惑をかけることになります。

自殺や自己破産のように取り返しがつかないことになれば、不動産投資なんて知らなければよかった、ということになるのです。

⑦失敗する人の共通点は「融資が付くから買う」こと

「不動産を購入して後悔している」という声を聞くことがあります。そういう方の投資手法は大きく分けて2種類です。

①新築1棟アパート、新築1棟マンションを購入（専有面積20㎡未満）
②地方の築古RC1棟マンションを購入

両方とも、融資が付きやすいという特徴があります。

そして、①は供給過多で埋まらずに、広告費を大量投入しないと決まらない物件になりがちです。家賃の値下げを余儀なくされたり、想定よりも広告費用がかかったりすることで、実利回りが下がる傾向が強いです。

②は単純に埋まらないだけでなく、突発的な修繕が発生し、手残りキャッシュフローが少なくなるリスクがあります。

融資が付く物件を買うのが悪いのではありません。

「適切な投資判断が伴ったものなのか？」が重要なのです。

この部分が抜けると失敗することになります。

例えば、新築投資に関しては、「これでキャッシュフローを得る」という目的ではなく、できる限り少ない手出しで土地と建物を自分の所有物にするという考えであれば、いい投資になることも多いと思います。

「買って後悔する物件」とは？

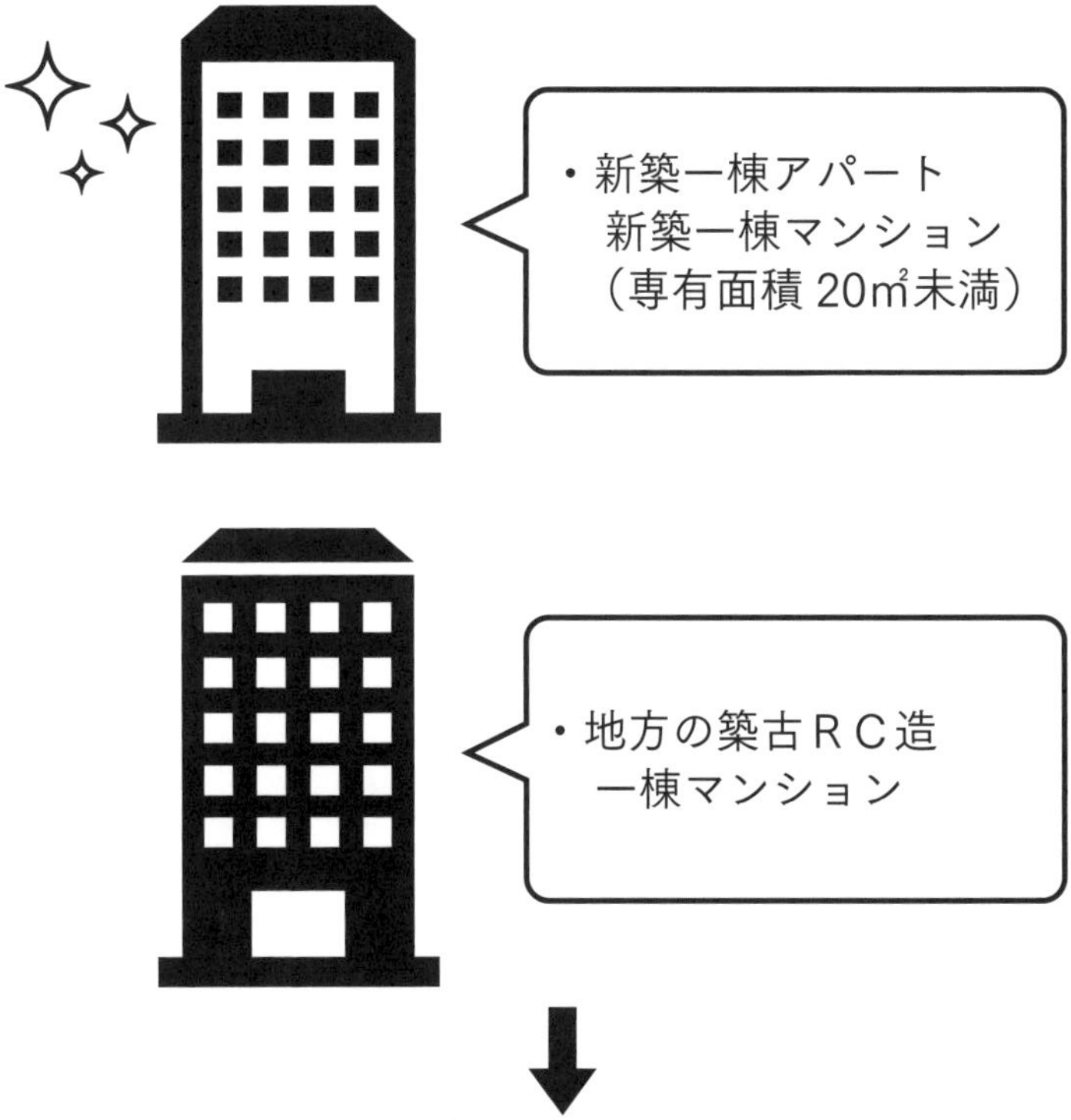

融資が付くという理由で買って
失敗する人が後を絶たない
「適切な投資判断が伴ったものなのか？」
が重要！

ただ、専有面積や家賃をはじめとして、「賃貸しやすい賃貸条件」を押さえていることは必須です。

ローンの返済額は絶対です。それなのに、借り手がつかず入金が不安定では、お金の面でも精神的な面でも苦しいばかりでやる意味がなくなってしまいます。

⑧新築投資をした物件が「完成しなかった」人たち

中古物件の利回りが下がっていることもあり、それなら新築のほうが良いと、最初から新築アパートを建てる人たちが増えています。

確かに中古よりも新築のほうが融資を引き出しやすい金融機関もありますし、時流に合った間取りや設備を入れられるというメリットもあります。

しかし、新築には新築特有の大きなリスクがあります。

それが、建物が完成しないということです。

実際に**ここ数年、不動産投資家の間でよく知られている建設会社が破綻し、工事の途中で投げ出された現場がいくつも誕生してしまいました。**

追加の融資を受けられなければ、最悪、破綻するしかありません。

この不運な失敗を避けるためには、危ない建設会社を避けることが一番です。不動産業者時代に会った不動産投資家の方で、このリスクをもろにかぶってしまった方がいました。

僕は不動産業者時代、アパート用地の販売や仲介を多く扱っていました。新築の土地を買っていく投資家さんには、建築会社を紹介することもありました。

その時に意識していたのは、**ただ「建築費が安い」「利回りが出る」という理由で建築会社を紹介しない**ということです。

「建築会社を抱き合わせで売る」ような「売建」の仲介案件もやりました。**中には調べるとヤバそうな会社と分かり、融資審査寸前で、お客さんに「僕から紹介したのにごめんなさい、この物件は〝買い〟ではないです」とお伝えした**こともあります。

※売り建て：建て売りとは違い、売ってから建てるので売り建てと不動産業界ではいわれています。

そんな中、ショックなことが起きました。

僕が建築会社のリスクを理由に「これは買いではない」と仲介しなかった案件を、まさかの「売主業者が直で」持ち込み直したお客様がいたのです（後からその理由を聞いたところ、「利回りが高いので諦めきれなかった」と話されていました）。

不動産業界のルール上、僕の紹介で案件を進めていた物件について、仲介会社（僕）抜きで売主さんと買主さんが直接やり取りすることは、本来ならありえない話です。

そんなわけで、その方は売主さんと直でその新築案件を進めました。

そして、僕が斡旋した銀行で融資も通り、工事が始まったのです。銀行からその物件のために7000万円超のお金を借りたということでした。

しばらくして投資家さんから連絡がありました。内容は「助けてほしい」というものでした。予想通り、トラブルに巻き込まれてしまったのです。

何が起きたかというと、**建築業者さんがお金だけ振り込ませて、工事を完成させないまま「夜逃げ」**したのです。

僕は、はっきりとこう言いました。

「途中まで進めておいて申し訳なかったですが、あの時、私は、売主業者と建築業者さんに信用できない点があるから本格始動させる手前で断念しましょう、と言いましたよね。**上棟が済んだ段階まで来て別の建築会社にスイッチすることはかなり難易度が高い**です。それに、物件を紹介した私を飛ばした買主さんを助ける義理はありません」

その後も、電話をいただいたり訪ねてこられたりしましたが、対応しませんでした。

僕が売ったわけではありません。逆に止めたのに、自ら売主さんと進めることを選んだ（正確には破談にした後に復活させた案件）方をフォローする理由はありません。

最近、その物件の謄本をあげてみたところ、差し押さえられた後に強制売却されたことが分かりました。明らかに債務整理が行われた様子でした。

恐らくこの方が不動産にカムバックすることは二度とないでしょう。

リスクを見つけたのに、それを無視して進むことは、一番やってはいけないことです。

特に大きな借金をしてそれをやると、命取りになりかねません。

⑨師匠の紹介で儲からない物件を買った投資家

初心者の味方をよそおって、私腹を肥やそうとする不動産投資家たちがいます。

この手の話は10年以上前から存在しますし、もっと言えば、この業界だけではないでしょう。

僕は宅建業の仕事を通じて、有名な不動産投資家に出会うことがあります。

以前、その中に、「どんどん物件を紹介してください。あいつら、私が良いと言えばなんでも買いますから」とお弟子さんのことをカモ呼ばわりしている人がいて驚きました。

詳細は控えますが、お弟子さんたちを利用して自分が得をしようとする姿を見て、なんとも残念な気持ちになりました。

僕は大家さん同士でつながって情報交換することは良いことだと思います。

しかし、その中の誰かに頼ろうとすることには反対です。

経済的自由は、精神的自立とセットです。

不動産投資に関わる判断は、「〇〇さんが言うなら大丈夫」と思考停止するのではなく、

「断る勇気」を持とう

- 少しでもおかしいと感じたら、そのまま うやむやにせず確認する
- 一番やってはいけないのは違和感を 無視すること

受け身で情報を受け取るのではなく、自分から情報を取りに行くこと

自分自身で行ってください。

物件を買う時、誰に紹介されたかは関係ありません。そうではなく、自分でしっかりとシミュレーションをして、その数字を基に買っていいかどうかを判断しましょう。

それができないのなら、物件を買うには早すぎます。

ここで強くお伝えしたいのは、断る勇気、違うと思ったら撤退する勇気の大切さです。「何かおかしいな……」と感じたら、その違和感を見逃さず（見て見ぬふりは絶対にダメです）、固い決意で素早く行動することです。

たとえ不動産取引の最中であっても、途中で前に言っていたことと矛盾があるなど、おかしなことが出てきたら、「この取引は進められません。やめます」とハッキリと言える自分であることは絶対です。

それができない人は、いずれ失敗することになってしまいます。

⑩誰かと競い勝つことに夢中で会社を潰す社長

どの業界でも日々、新しい会社が生まれては消えていきます。

不動産業界でも、事業に失敗して会社を潰してしまう社長が常にいます。

そして、彼らにはある共通点が見られます。

・良いところに住んだり事務所を構えたりして、皆から憧れられたい
・人をたくさん雇って、社員の人からすごいと思われたい、同業他社からすごいと思われたい
・「御社の名前をよく聞くよ」と言われたくて広告を打ったり、メディアに出たりする
・儲かっていると思われたくて、ブランド物を所有する
・すごいと言われたくて、お金を使う場所に行って、それを知らしめる（写真を撮ってネットにアップするなど）

最初は無駄遣いをしなかった人も、儲かるとどんどんそうなっていきます。


彼らの口癖はこうです。

「あなたも良いモノを着なさい。全然安物とは違うから」

「良いモノは、それなりに高いものだよ」

過去には、そういう社長に高級寿司店でごちそうになったり、フェラーリやランボルギーニやマセラティに乗せてもらったりしましたが、僕にはどれも豚に真珠でした。

値が下がらないという、投資面でそこに向かうならいいのかもしれません。

ただ、彼らが散財するのは、誰かと競い勝つことが目的のようでした。

そんなことのために、自分の時間とお金を費やす意味がどこにあるのか。僕には理解できません。


僕は、自分がこういうものに興味がないことを、神からのギフトだと思っています。

僕が見栄っ張りでかっこつけ屋だったら、破産していたのかもしれません。

実際に周りの若手成功者たちは、何人も破産していきました。

せっかく起業をして普通の人が得られないような大金を得たのに、ゼロになりました。


僕が見た破産する人は次の2パターンです。

能力が足りない凡人未満

高みを目指しすぎた成功者

前者はある意味、やむをえないことでしょう。

しかし、後者は慢心がなければ失敗しませんでした。

仕事が「中毒」になると、経営者として冷静な判断ができなくなってしまいます。

そしてそこにもまた、見栄や競争心、他人からの称賛を得たい心が関係していると感じます。

＋α “どこまでも駆け上がりたい”というやっかいな病

「ビジネスの世界で行けるところまで行ってみたい」という、少し成功した気持ちになった経営者たちがかかってしまう病があります。


この病気にかかると、自覚のないままに数年という月日を仕事に費やし、それ以外のものを犠牲にするという悲しい症状が発生します。

僕も若気の至りもあったのか、それにかかってしまいました。

27歳の終わりから夢中で働いていたら、30歳くらいで成功者のような気分を味わうようになりました。銀行口座にもすごいお金が貯まっていました。

そこからの僕は急拡大を目指しました。

会社にいる時間が増え、家族よりも従業員と過ごす時間のほうが多くなりました。

「不動産×自分の会社」を持つことで、たくさんのお金を稼ぎながら、楽しく生きたいと願っていたのに、いつのまにかそれを忘れ、上場を目指すことに夢中になっていました。

人員を増やし、上場準備のための主幹事証券も決まりました。

そんなある日、なぜだか突然、「いましかないぞ、ここで終わらないともう戻れないぞ。本当に覚悟はできているか?」という言葉が僕の脳内に啓示のように降ってきました。

経営者の先輩方に言われた、「子供が小さい時って一瞬なんだよ」という言葉がトリガーだったような気がします。

彼らは仕事にばかり精を出して、子供と過ごす時間が少なかったことを悔やんでいる様子でした。僕は同じ後悔をしたくないと思い、2020年、COVID-19が世界を暗くする寸前に、すべてのビジネスを清算しました。

あれから4年が経ちましたが、あの時に決断をしてよかったと思っています。

おかげで、**お金の自由と時間の自由を手に入れた中小企業の社長**という、かつて目指した自分になれたのです。

一人のビジネスは気持ちもラクです。会社を経営したことはとても良い経験でしたが、人を雇用するには大変さもありました。一生続けていくものではなかったな、と改めて思います。

僕はここまで書いたようなリスクヘッジと考え方で、今のところ生き残っています。

そして、これからも今の生活を楽しみながら、資産を増やし続けると決めています。

皆さんも、「不動産×宅建業」を軸に、強く、楽しい人生を手にしてください。

POINT

自分のビジネスを破綻させてしまう経営者が後を絶たない
引き際の美学、お金の使い方に関する美学を持とう

【事例】僕の周りの成功者たち

抜群の営業力で年間利益5000万円を稼ぐ元リクのTさん

ここまで不動産の落とし穴について続けて紹介しましたが、不動産は本来、人を豊かにするものです。不動産とは縁のない業界から、「不動産投資×宅建業」という世界に足を踏み入れて、人生を変えた人たちを紹介します。

Tさんは「元リク」と呼ばれるサラリーマンで、会社員ですが独立志向型の方でした。僕と知り合う前に、不動産投資を始めていました。

Tさんと話してすぐに「営業に強い人だ」と分かりました。

Tさんに独立の相談をされた時は、シンプルに「独立一択。9割方成功する」と伝えました。（10割成功と言わなかったのは「サボったり、銀座で飲んだりしたら失敗しますからね」という牽制《けんせい》の意味です！）


Tさんは、今では年間利益5000万円前後を稼ぐ不動産業者です。

自由に時間を使いながら、高額を稼ぎ出す友人がTさんです。


僕は「Tさんなら1億も目指せるから、もう少し頑張れば？」とは言いません。

いくらあれば幸せかは人それぞれですし、人生のステージによっても変わります。

僕には今、1億以上の利益がありますが、ずっと稼ぎ続ける必要もないと思っています。

むしろ、「時間＞お金」だと感じます。時間からお金は生み出せますが、逆は困難です。

給与を出して人の時間を買うことはできますが、過去の自分の時間はお金では戻ってきません。Tさんと話す時も、「時間のほうが大切じゃないですか」と言ったりしています。

年収200万円弱のシングルマザーから人生を大きく変えたMさん

Mさんは、シングルマザーとしてお子さんを育てている方です。

出会った当初はパート勤務で年収200万円弱、貯金は300万円程度でした。

この方には「まず、家を安く、住宅ローンを使って買いましょう」と言いました。家賃を削るためです。

Mさんは間もなく、低年収でも使えるフラット35を利用し、250万円で団地を購入されました。月の返済額は8000円程度。管理費・修繕積立金が2万円弱かかりますが、それでも住居費は引っ越し前の賃貸マンションの半額になりました。

その後、Mさんは不動産業者になりました。失礼ですが、ごく普通の方に見えました。しかし、Mさんは「この道で生きていく」と決意され、地道に働きました。

初年度は3000万円に届かない粗利額でしたが、その翌年は4000万円、その次は5000万円と年間利益を伸ばしていきました（法人の利益です）。

宅建業者として仕事をしながら、家賃収入を増やすことも目指した**Mさんは現在、郊外**

の築古戸建てを15件所有し、８００万円の家賃収入（ＣＦは６００万円くらいだそうです）を得ています。

家賃収入を１５００万円まで増やしたら、そこでいったんストップして、後は宅建業の仕事でお金を残していく方針だそうです。

ちなみにＭさんは２５０万円で買った団地に約３年住んだ後、６５０万円で売却され、その後、新築の建売戸建てを３０００万円で買われました（月の支払いは10万円程度）。

「人生が変わった」と、よく僕におっしゃってくださいます。

今は週３日だけ働き、あとはお子さんとの時間を大切に過ごされています。

トラック運転手から年間利益１億円の業者になったＷさん

Ｗさんはトラックの運転手で、**「体力的に今の仕事を続けるのが不安だから、不動産投資を始めたい」**という話でした。それが４年前で、当時の所有金額は５００万円くらいでした。

僕が、「家賃収入だけで生活するのはかなり時間がかかると思う」と伝えると、「それなら不動産業者になります」とすぐに資格を取り、宅建業者になりました。

この方は、とにかく物件を取得する量が多かったです。ノンバンクでの融資も活用し、自己資金よりも多い金額を常に調達して、どんどん利益を上げていました。

Wさんは、今では宅建業者として1億円を超える利益を得ています。ついには、自分の後輩まで会社の仲間に加え、日々、不動産業者としての営業活動を行っています。

出会ってから4年、Wさんの変化には目を見張るものがあります。

先日、Wさんに会った時、「物件探しの最中で、不動産業者さんに『そんな物件があったらウチが買うよ！』などと怒られるのがきついです」とこぼしていました。

僕は、**「それなら人生で必要なお金を先に稼ぎ切って、その後は首都圏のオーナーチェンジ物件か、郊外築古戸建てでも買ってのんびりやったらどうですか？」**とお伝えしました（まさに僕がFIRE生活を送るために選んだ手法です）。

僕は、FIREするのもしないのも、その人の自由だと思います。自分が「こうしたい」と望んだ道を進んでいくことに価値があると思っています。

次にお会いした時、Wさんがどんな道を歩んでいるのか楽しみです。

驚くべき「稼ぎ力」を持つAさん、Sさん、MSさん

僕が出会った中で、印象に残っているユニークな3人を紹介します。3人の共通点は、とにかくお金を稼ぐ能力が高いことです。

●Aさん：

元々、この方は自営業者でした。3年前から買い始めて、今は戸建てだけで数十戸保有しており、2000万円超の家賃収入を得ています。

戸建ての購入価格は100万〜200万円のものが3戸で、その他の数十戸はすべて100万円未満ということです（自営業者のAさんは自己資金があったので、すべて現金購入です）。

特徴として、その大半をリフォームなしで賃貸付けしています。最初のうちはジモティーを使っていましたが、そこでコツをつかみ、今は客付け業者経由でもリフォームなしの部屋を埋められるようになったそうです。

Aさんも最近、不動産業者になりました。先述の家賃収入（しかも無借金）がありますので働かなくても暮らせる方ですが、既に売却益もかなり得られています。

さらに効率良くお金を稼いでいかれることでしょう。

●Sさん：

Sさんは最初に紹介した元リクのTさんと大親友の方です。サラリーマン大家をやめて宅建業者になったSさんが、こんなことを言っていました。

「大家なんかやっていられない。不動産業者になって懇意の業者さんから物件情報をたくさんもらうほうが、楽だし稼げる」。

Sさんは、元々大家さん同士のコミュニティを作られるなど、不動産投資家として一定の成果を上げており、知識も豊富な方です。

まさに僕と逆方向から来て、結局同じ道をたどる同志となった人物です。

そういえばSさんの親友のTさんも、**「年間3000万円くらいなら家で寝っころがって電話をかけるだけで稼げますよね」**と話していました。

不動産とは別の業界からやってきた人で、営業力のある人たちが時々、こういうことを

言います（笑）

大家業には、大家業の良さがもちろんあります。僕だって、大家業をやめるつもりはありません。ただ、大家業はお金を増やすために時間がかかります。

スピードを求めるなら、宅建業を組み合わせるのがいいということを、SさんやTさんの言葉が証明してくれていると思います。

●MSさん：

MSさんは一言でいうと、「中小企業のオヤジ」といった印象の方です（笑）。

MSさんの特徴は、**本業で既に成功されており、それまでの仕事の人脈を生かして不動産で実績を出されている**ということです。

例えば先日も、長らく地場で築いてきた人脈を通じて1000万円未満で購入した土地で、約2000万円の利益を出されました。

僕はもう長く不動産の世界にいるので、こういった取引に出会うことも珍しくないですが、MSさんは不動産業者になって1年で、この物件の仕入れに成功しました。

この話を聞いた時、「不動産って夢があるなあ」と思いました（笑）

このMSさんのように、既に別の事業で成功されている方が、宅建業者として新たな法人を立ち上げる事例も増えています。売却益もインパクトがありますが、やはり自営業者の方からは、「安定した家賃収入があるのが嬉しい」という言葉をよく聞きます。

「不動産業者」に向かない人とは？

ここで、不動産の仕事に向かないであろうと思う方についても記載させていただきます。

①自分で仕事を取ってくる気概のない人
②数字に弱い人
③できない理由を探す人
④物事に優先順位をつけられない人
⑤初対面の年下に敬語を使わない人

①〜④は、訓練していくうちに、きっとできるようになります。

⑤については、論外です。こういう人で結果が出せた人を一人も知りません。不動産の世界で成功された方たちを見ると、上役の人になればなるほど低姿勢な方が多いです。

もちろん、不動産業者になることだけが成功ではありません。他の道もあります。不向きならば、やりたくないならば、「自分がいけそうな道」を探してみてください。自分に似たタイプの人で、うまくいっている人を観察してみてください。

一つの目安ですが、僕は何か迷ったら3日以内に決断を出すことにしています。3日を過ぎても結論が出ないことは、やらないほうがいいと思います。

やるための理由をずっと探す。なければ3日考える。3日探してもなければやらない。

これが物事を進めるコツです。「やらないと決める」ことも、前進だと思います。

POINT

様々な属性の人が、「不動産投資×宅建業」で人生を変えている未経験でも自己資金が少なくても、「自分の強み」を生かすことでチャンスが広がる

お金を稼ぐために大切なのは「逆算」と「ポジション取り」

「自分には何が足りないか？」を常に考える

僕がお金を稼ぐために、その他にも何かをする時に必ず最初にやったのは「逆算」です。

何が目的・目標なのか。そのためには何をどのくらいやるべきなのか。

それらを紙に書き出して、常に確認していました。

そして、自分がやっていることが目標達成の方法として正解なのかを確認するために、金銭的な損失が少ない範囲で色々とテストしていきました。

例えば、宅建業者として成功するには、

・**物件の目利き（経験）**

・安く買えるルートの構築（営業力）
・スピーディーに契約決済まで持っていける力
（資金力と金融機関からの調達、目利き力。もしくは太客を持っているか）

これらが必要です。

では、自分には何が足りないのか？　それを僕は不動産会社で修業している間に、上司から教えてもらい、軌道修正していきました。

独立してからは自分で自分の仕事を振り返り、何が足りないのか、それを埋めるには何をすればよいのかを常に検証してきました。目標達成のために、自分の仕事のやり方だけでなく、扱う物件の金額や種別などを変えることもありました。

そうやって色々な道を試しながら、ベストな方法を探っていきました。


仕事につながるなら、飲みの席も重要です。

仕事では、人とのコミュニケーションが欠かせません。**不動産業界では、飲みの席で相手に楽しんでもらえた分がそのまま利益になる**という側面があります。

「ただ飲みに行く」ということはしません。誰と、何を達成するのかを明確にしていきます。その達成したいことがなければ、家にいます。

お金持ちになることを目指すなら、仕事以外の時間（睡眠や食事は別として）を削る期間が必要になります。それくらい突き詰めてやると、時間効率が上がり、さらには時給が上がってきます。

逆算の次に大切なのが、「そのための行動（仕事）だけをする」ことです。

僕はお金持ちになると決めて、新卒で入った会社を辞めて、不動産会社に入りました。つまり、退路を断った状態でしたので、とにかく働くしかありませんでした。

テレビは見ませんでしたし、ネットサーフィンもSNSもやりませんでした。

この書籍の中で、「見栄」にお金を使うなと書きましたが、僕はSNSもその一種だと思います。「見栄」を張りたい、注目されたい、自分の力を認めてくれる誰かとつながりたい。そして、飲みに誘われたら目的もなく行ってしまうような人。その類の人がSNSには多いような気がします。

時間は有限ですから、余計なことに時間を使っていたら、目標達成は遠のきます。

早くFIREを実現させるためには、人の数倍以上の仕事をすればいいのです。

僕は31歳でFIREしましたが、単純に人の3倍は働いたと思います。

家族と過ごす時間は確保していましたが、仕事と同様に、何のために一緒にいるのかを常に意識していました（今もそうです）。

仕事ばかりでしたが、だからこそ時間のありがたみ、家族のありがたみが分かりました。

たまに、「どうやって仕事へのモチベーションを保っていますか？」という質問をいただきますが、そんなぬるいことを考えたことはありませんでした。

次に大切なのが、「ポジション取り」です。

お金を稼ぐために最も大事なのは、「自分の会社を設立し、その仕事に注力して結果を出す」ことです。

いずれ社長になる！　と大口を叩きながらいつまでも独立しない人、会社の愚痴を言いながらずっと同じ会社で働き続ける人を多く見てきました。

会社が好待遇なので、いつまでも辞められないでいる人も。

ここまで書いてきたように、本気でお金持ちを目指すなら、「1人で完結できる」仕事に就くことがカギになります。

僕が独立当初に持っていた現金は、約700万円でした。それが独立したら、億を超えるのに時間はかかりませんでした。

サラリーマン時代も貯金を頑張っていたほうだとは思いますが、独立してからのお金の入り方、貯まり方とは比較になりませんでした。

結局、ポジションが大事ということです。

もちろん、会社員でなければ経験できない仕事はありますし、チームで働くことにやりがいを感じる人もいます。適材適所です。

ただ、事実としてお金が貯まりづらい、お金が使いづらいのがサラリーマンです。

よく、サラリーマンと自営業者を比較する時に、「サラリーマンは税金をすべて払った後にそのお金を使う。自営業者はお金を使った後に、そこから税金が引かれる」と言われます。

僕の感覚としては、サラリーマンで年収1000万円を得るのと、自営業で3000万円利益を出すことの難易度は同じです。

独立する前の自分と、独立後の自分とで、能力はそれほど変わっていません。

しかし、収入は何倍にも増え、自由時間は比較にならないほど増えました。


お金持ちになりたい若い人にその方法を相談されたら、

「最初は就職したほうがいい。でも、若いうちに会社を設立し、社長になりなさい」

「そして、人生を豊かにするために不動産は避けて通れないので、不動産を持ちなさい」

「それ以外は適当でいいよ」と伝えます。


もちろん、起業した全員が成功できるような甘い世界ではありません。

しかし、数あるビジネスの中で、「不動産投資×宅建業」という組み合わせはとても手堅く、短期間で豊かになれる可能性が高いということは間違いありません。

POINT

何をすれば自分の人生の目的を叶えられるかを検証しよう
人生の一時期がむしゃらに頑張ることで、あとの人生が豊かになる

あとがき　読者の皆さんへ

ここまでお読みいただきまして、ありがとうございました。

僕自身が、大家も不動産業者も両方を経験してきた中で、「短期間でお金を作るなら業者」「長期間でお金を作るなら、融資を利用して大家」という結論に現在は至っています。

資金のない方ならば「短期間」の方に焦点を当てるべきと考え、この本を出させていただくに至りました。宝島社さん、ありがとうございます。


書籍とはいえ、せっかくご縁ができた皆さんです。

僕は、この出会いを良いものにしたいと思っています。

中には、ここまで読まれて、

「事業家になれ!?　副業で不動産をやろうと思ってこの本を読んだのに、そもそもそんなことができるのか？　無理だと思うんだけど……」

と感じた方がいるかもしれません。

僕はこの書籍が世に出る4年半前に大家のプーさんとしての活動を開始しました。

その活動の一つに「早くのんびり暮らそう会」という、ふざけた名前ですが大真面目にやっている不動産の勉強会があります。

メンバーには中小企業の経営者、サラリーマンの方など、様々な方がいらっしゃいます。

そこで、当時200人の皆さんとご縁を頂き、その中の40名超の方が宅建業者を目指しました。その40名超全員が、脱サラをしています。

1億円を超える利益を得ている方もいます。5000万円以上という方も何人かいらっしゃいます。全体の8割以上が、不動産業者になったことでサラリーマン時代の数倍の利益を得ています。

失礼な言い方になりますが、どの方も最初はお金持ちではありませんでした。

再現性は、彼ら彼女らが証明してくれました。

もう、言い訳の余地はないでしょう。やるかやらないか。

この書籍を手に取った皆さんには「強者」として、勝ち残ってほしい。速く稼いで、残りの人生をゆったりと生きてほしい、そう思います。

そして、新しい皆さんが、この業界をよりよいものにしていってくれたら、とても嬉しいです。

感謝の言葉

この本を出版するきっかけを作って下さり、さらにはライターも担当してくださった加藤浩子さんにお礼を伝えたいです。また、浩子さんと知り合ったコミュニティでお世話になったTさんやAさんにも感謝を申し上げます。

家族へ

僕は自分の子供たちにも将来、「不動産事業者」「会社経営者」になってほしいと望んでいます。もちろん、子供たちの人生を勝手に決めるつもりはありませんが、非常に効率の良い仕事ですので、不動産を1つの道として提示したいのです。

人を育てるには、自分の背中を見せること。

背中を見せるとは、相手の身近なところで、この人はなんだか楽しそうだ、こういう生き方をしてみたい、と思ってもらえるようなお手本として生きることだと思っています。

色々な幸運に恵まれて、お金はたくさん稼ぐことができましたし、時間もできました。

しかし、子供たちのお手本になるような人間性にはまだまだ届きません。

次の目標は、子供たちにこの人みたいになりたいと思ってもらえる姿になることです。

彼女たちがいつか、この本を読んでくれたらいいなと思います。


そして最後に、20代のほとんどを仕事に懸けた自分と、僕以上に僕のことを信じて疑わなかった妻へ。

その選択に感謝しています。一つでもずれていたら、今の人生はなかったです。

大家のプーさん

大家のプーさんの
最新情報はこちらから!

編集	吉原彩乃
編集協力	加藤浩子（オフィスキートス）
ブックデザイン	松崎理（yd）
カバーイラスト	熊アート
DTP	柳本慈子

31歳でFIREを実現!　たった1年で1億円稼げる
宅建×不動産投資術

2024年11月23日 第1刷発行

著　者　大家のプーさん
発行人　関川 誠
発行所　株式会社 宝島社
〒102-8388
東京都千代田区一番町25番地
(編集)03-3239-0928
(営業)03-3234-4621
https://tkj.jp

印刷・製本　中央精版印刷株式会社

ISBN 978-4-299-06114-0